VERLIEBE DICH IN DEINEN PARTNER NEU!

FÜR ALLE WAHREN KÖNIGINNEN UND PRINZESSINNEN, DIE IN EINER ULTIMATIV GLÜCKLICHEN UND AUFREGENDEN BEZIEHUNG LEBEN WOLLEN

LIFE CULTURE PUBLISHING
2018

"Life is like a beautiful book. It has no worth for anyone, who cannot read..."

lifeculture
Publishing

MEINEN SÖHNEN

DANIEL UND ARTUR

BIBLIOGRAFISCHE INFORMATION DER DEUTSCHEN NATIONALBIBLIOTHEK

Die Deutsche Nationalbibliothek verzeichnet diese Publikation in der Deutschen Nationalbibliografie; detaillierte bibliografische Daten sind im Internet über http://dnb.dnb.de abrufbar.

ISBN Softcover: 978-99957-935-0-0

ISBN ebook: 978-99957-936-0-9

© 2018 by Swetlana Reder Life Culture Publishing

Umschlagfoto:
- Image ID: 45171223, Copyright Olaola12 | Dreamstime.com http://www.dreamstime.com/olaola12_info
- Image ID: 102386747, Copyright Radli | Dreamstime.com

Illustrationen: siehe Verzeichnis am Ende des Buchs
Ein Imprint: Life Culture Publishing

Das Werk, einschließlich seiner Teile, ist urheberrechtlich geschützt. Jede Verwertung außerhalb der engen Grenzen des Urheberrechtsgesetzes ist ohne Zustimmung des Verlages und des Autors unzulässig. Dies gilt insbesondere für die elektronische oder sonstige Vervielfältigung, Übersetzung, Verbreitung und öffentliche Zugänglichmachung.

Printed in Germany

Inhaltsverzeichnis

Inhaltsverzeichnis 4

Haftungsausschluss 7

Wie nutzt Du dieses Buch 9

Einführung 15

Teil 1: Das Fundament Deiner Beziehung 26

   Status quo Deiner Beziehung – wo stehst Du heute und wo willst Du hin?
   27

   Erschaffe Deine ultimative Beziehungsvision 36

      Warum brauchst Du Werte und wie findest Du sie heraus? 37

      Nun schaffe die Rangordnung Deiner Werte 42

      Was sind Deine Bedürfnisse? 45

      Was willst Du wirklich? 49

   Kommuniziere Deine Vision: Die Kraft einer guten Geschichte 52

   Wo liegt Dein Fokus? 62

   Stelle Eure Ähnlichkeit in Mittelpunkt 68

   Gestalte Deine Umgebung beziehungsfreundlich: Dein Haus – Deine Wohlfühloase 71

   Über Wünsche und Erwartungen 78

Teil 2: Alles, was Dich unwiderstehlich macht 83

   Gepflegtheit 84

   Kleider machen Leute 86

   Elegantes Make-up 91

   Magie des Blicks: Warum Augen tatsächlich der Spiegel der Seele sind . 93

      Blickkontakt und Lächeln 96

Dein Zustand	97
Non-verbales Verhalten	103
Dein Lächeln	104
Achte auf Dein Gesichtsausdruck	105
Bleib immer in Bewegung	108
Deine Bewegungen sind langsam und elegant	109
Präsentiere Dich als wertvoll und bedeutungsvoll	109
Klang Deiner Stimme	112
Verführerischer Duft	114
Über königliche Haltung und den Gang einer Katze	119
Teil 3: Wie siehst Du Dich selbst?	**124**
So wie Du Dich selbst siehst, sehen Dich auch Andere!	125
Die Rollen, die Du spielst…	131
Archetyp der Königin	137
Archetyp der Muse	140
Archetyp der Liebesgöttin	144
Bleibe individuell	147
Investiere Zeit in Dich - finde heraus, was Dir Spaß macht	155
Die Liebesgeschichten, die in die Geschichtsbücher eingingen	158
Teil 4: Genieße das Spiel	**165**
Berührungen	166
Sprache	168
Atmung	172
Erschaffe Rituale - Beziehungsanker	177
Erschaffe magische Momente – Deine persönlichen Erinnerungen	180
Das Spiel der Liebe – Sorge für Freude und Spaß in Eurer Beziehung	188
Teil 5: Was noch? Auf der Suche nach der tiefsten Verbindung	**192**

Inhaltsverzeichnis

Lerne Deinen Mann besser kennen: Sprache der Liebe 193

Achtsame Kommunikation..201

Setzte hohe Standards..204

Wie siehst Du Deine Partnerschaft jetzt? 207

Lebe Dein Leben voller Leidenschaft! 210

Nachwort 214

Danksagung...216

Über die Autorin 218

Mein Coaching...222

Quellenverzeichnis...223

Abbildungsverzeichnis 227

Illustrationen in diesem Buch 228

Haftungsausschluss

Wichtig! Bitte lesen!

Ich verzichte weitgehend auf Zitationen im Text und in den Fußnoten zugunsten der Lesefreundlichkeit. Die Quellen sind am Ende des Buchs angeführt.

Ich möchte ausdrücklich darauf hinweisen, dass ich trotz der sorgfältigen Recherche keinen Anspruch auf absolute Vollständigkeit und Richtigkeit der Angaben erhebe.

In diesem Buch findest Du generelle Informationen über die Möglichkeiten, die Dir zur Verfügung stehen. Alle Entscheidungen, die Du triffst, sind allein in Deiner Verantwortung.

Die Benutzung dieses Buches und die Umsetzung der darin enthaltenen Informationen erfolgt ausdrücklich auf eigenes Risiko. Haftungsansprüche gegen den Verlag und den Autor für Schäden materieller oder ideeller Art, die durch die Nutzung oder Nichtnutzung der Informationen bzw. durch die Nutzung fehlerhafter und/oder unvollständiger Informationen verursacht wurden, sind grundsätzlich ausgeschlossen. Rechts- und Schadenersatzansprüche sind daher ausgeschlossen. Das Werk inklusive aller Inhalte wurde unter größter Sorgfalt erarbeitet. Der

Haftungsausschluss

Verlag und die Autorin übernehmen jedoch keine Gewähr für die Aktualität, Korrektheit, Vollständigkeit und Qualität der bereitgestellten Informationen. Druckfehler und Falschinformationen können nicht vollständig ausgeschlossen werden. Der Verlag und auch die Autorin übernehmen keine Haftung für die Aktualität, Richtigkeit und Vollständigkeit der Inhalte des Buches, ebenso nicht für Druckfehler. Es kann keine juristische Verantwortung sowie Haftung in irgendeiner Form für fehlerhafte Angaben und daraus entstandenen Folgen vom Verlag bzw. Autor übernommen werden. Für die Inhalte von den in diesem Buch verwendeten Internetseiten sind ausschließlich die Betreiber der jeweiligen Internetseiten verantwortlich. Der Verlag und der Autor haben keinen Einfluss auf Gestaltung und Inhalte fremder Internetseiten. Verlag und Autor distanzieren sich daher von allen fremden Inhalten. Zum Zeitpunkt der Verwendung waren keinerlei illegalen Inhalte auf den Webseiten vorhanden.

Wie nutzt Du dieses Buch

Das Buch „Verliebe Dich in Deinen Partner Neu" ist ein Arbeitsbuch. Es wurde kreiert, um Dir hoffentlich zu helfen Deine Beziehung schöner und erfüllter zu gestalten.

Jedes Paar wird im Laufe der Zeit mit bestimmten Schwierigkeiten konfrontiert.

Wie Du die Schwierigkeiten meisterst, welche Entscheidungen Du triffst, hängt allein davon ab, welches innere Bild Du von Dir, Deinem Partner und der Welt um Dich herum hast.

Dieses Arbeitsbuch stellt eine „Schritt-für-Schritt" Anleitung dar, wie Du zum positiven Selbstbild, dem positiven Bild Deines Partners und dem positiven Bild der Welt kommst.

Du findest hier interessante Informationen, anregende Metaphern und jede Menge Übungen.

Ich schlage vor, dass Du das Buch Schritt für Schritt in Deinem Tempo durcharbeitest und Deine Erfahrungen in einem Tagebuch festhältst. Ich hoffe, dass die Übungen Dir Spaß machen. Du kannst sie alle ganz leicht realisieren und wirst die Ergebnisse sofort bemerken. Es wäre schön, wenn Du Deine Eindrücke und Erfahrungen aufschreiben würdest. Wenn Du aber nicht gern schreibst, ist auch kein Beinbruch: Stell Dir in Deinem Geiste vor, als ob Du Deine Gedanken aufschreiben würdest. Es ist immer möglich, die eigene Fantasie zu nutzen.

Das Buch besteht aus fünf Teilen:

Teil 1: Das Fundament Deiner Beziehung

Im ersten Teil des Buchs beschäftigen wir uns mit Deiner inneren Welt: Wir gehen auf die Suche nach Eigenschaften Deiner Persönlichkeit, die für eine funktionierende Beziehung von Bedeutung sind. Du wirst Dir Deiner eigenen Werte und Bedürfnisse bewusst. Basierend darauf erschaffst Du eine Vision Deiner zukünftigen Beziehung und lernst, welche grundlegenden Ressourcen Dir helfen können, diese Vision zu verwirklichen.

Teil 2: Alles, was Dich unwiderstehlich macht

In diesem Teil geht es um Dein Äußeres. Dein Körper ist das Medium, durch welches Du mit der Welt - darunter auch Deinem Partner - kommunizierst. Dieses Medium ist wichtig: Immerhin empfangen wir 95% der Information non-verbal. Welche äußeren Eigenschaften einer Frau gehören zu begehrenswerten Eigenschaften? Worauf kommt es bei der non-verbalen Kommunikation mit Deinem Partner genau an?

Teil 3: Wie siehst Du Dich selbst?

Ausschlaggebend für erfolgreiche Partnerschaft, ja sogar erfolgreiches Leben schlechthin ist das positive Eigenbild. Wie siehst Du Dich selbst? So wirst Du auch von anderen wahrgenommen. Welche Eigenschaften hast Du? Welche Rollen in Deinem Leben spielst Du?

In diesem Teil geht es um bewusste und unbewusste Rollen, in die wir zu Beginn unseres Lebens einsteigen und die unsere Verhaltensmuster bestimmen. Wenn Du Dir Deiner Rollen bewusst bist, kannst Du entscheiden, ob daraus folgende Verhaltensmuster Dir helfen oder Dir im Weg sind. Menschen SIND nicht so oder anders. Menschen entscheiden sich jeden Tag aufs Neue so oder anders zu sein. Du kannst entscheiden, WIE Du sein möchtest.

Der bekannte Psychologe Karl Gustav Jung hat bereits vor einem Jahrhundert unbewusste Archetypen der menschlichen Psyche entdeckt und beschrieben. Diese Archetypen beeinflussen unser Bild von uns selbst und unsere Erwartungen an andere. Ich beschreibe drei weibliche Archetypen, die Dir hoffentlich helfen Dein Eigenbild zu gestalten – so, wie Du sein möchtest.

Ich stelle Dir in diesem Abschnitt des Buchs auch einige historische Beispiele vor - Persönlichkeiten, deren Liebesgeschichten in die Geschichtsbücher eingingen.

Teil 4: Genieße das Spiel

Nun geht es darum, wie Du aktiv Dein Leben mit Deinem Partner gestaltest. Was konkret machst Du für Eure Beziehung?

Es geht in diesem Teil um ganz kleine Dinge – wie Du ihn berührst, wie Du sprichst, wie Du streitest und sogar wie Du atmest. Es geht um kleine Rituale und um große bedeutsame Momente in Eurem gemeinsamen Leben. All das, was das Leben Stück für Stück bereichert, schöner macht, und Erinnerungen kreiert.

Teil 5: Was noch? Auf der Suche nach der tiefsten Verbindung

In diesem Teil geht es um die grundlegenden Voraussetzungen dafür, dass die Beziehung ein Leben lang hält.

Am Anfang einer Beziehung bringen IMMER BEIDE ihre Liebe mit. Niemand hat die Absicht den Anderen zu verletzen und die Beziehung zu zerstören. Allerdings unterscheidet sich die Art und Weise, wie wir unsere Liebe zum Ausdruck bringen, erheblich. Diese Unterschiede vergleicht Dr. Gary Chapman in seinem Buch „Die fünf Sprachen der Liebe" mit unterschiedlichen Sprachen. Wenn Du Deine Sprache der Liebe kennst, kannst Du Deinem Partner kommunizieren, was Dir wichtig ist. Und wenn Du die Sprache der Liebe Deines Partners erlernst, kannst Du Deine Liebe so zum Ausdruck bringen, dass er sie versteht und wertschätzt.

Gelungene Kommunikation ist wohl die entscheidende Voraussetzung für eine funktionierende Beziehung. Es gab Menschen, die mithilfe der Kommunikation dauerhaftem Frieden beigetragen haben. Ein solcher Mensch war Dr. Marshall Rosenberg, der Erfinder der gewaltfreien Kommunikation. Er war in kriegszerrütteten Gebieten und wirtschaftlich benachteiligten Ländern aktiv und bot Schulungen zur gewaltfreien Kommunikation in 60 Ländern an, darunter Afghanistan, Aserbaidschan, Bosnien, Burundi, Kongo, Kroatien, Georgia, Israel, Nigeria, Jugoslawien und vielen weiteren, um Versöhnung und friedliche Lösung von Differenzen zu fördern.

Als nächstes berichte ich über gewaltfreie Kommunikation und achtsame Kommunikation, und hoffe, dass diese mächtigen Techniken Dir gerade bei Meinungsverschiedenheiten in Deiner Beziehung helfen.

Wenn Du das Buch durchgelesen und alle Übungen gemacht hast, ist es an der Zeit, einen Vergleich zu ziehen: Wie siehst Du Deine Beziehung jetzt? Das Diagramm im vorletzten Kapitel ist ein Test für Dich, wie sehr Du Deine Beziehung verbessern konntest. Nutze dieses Tool immer wieder – so weißt Du, wo Du auf dem Weg zu Deiner Traumbeziehung gerade stehst und welche Schritte Du noch vor Dir hast.

Das letzte Kapitel ist ein Aufruf, Deinem Herzen und Deiner Leidenschaft zu folgen.

Es gibt für uns in diesem Leben keinen Grund das nicht zu tun.

Einführung

„…Und sie lebten zusammen glücklich und zufrieden bis an Ende ihrer Tage…"

Wenn Du Deinen Kindern ein Märchen vorliest, welche Gefühle hast Du selbst dabei?

Ich liebe Märchen. Und ich liebe es, sie meinen Kindern vorzulesen… Ich arbeite daran, meine beide Jungen so lange wie möglich an die wunderschöne Zauberwelt glauben zu lassen. Ich habe bemerkt, dass dieser Glaube sie stark macht… und unabhängig… und kreativ und… liebevoll. Und genau diese Qualitäten möchte ich in meinen Kindern sehen – jetzt und später, wenn sie erwachsen werden. Ich hoffe, dass sie durch die Geschichten die Fähigkeit und die Intuition entwickeln, die richtigen Entscheidungen zu treffen und die richtigen Menschen in ihr Leben zu ziehen… So wie die Helden in den Märchen auch.

Ich mache das Buch zu. Wie geht es denn weiter?

Einführung

Wie geht es mit Cinderella und ihrem Prinzen, wenn sie älter sind und das Haus voller Kinder haben? ...Und später, wenn die Kinder in die Welt gezogen sind und das älter gewordene Paar sich selbst überlassen und die Zweisamkeit nicht mehr gewohnt ist? ...Haben sie einander dann immer noch etwas zu sagen? Sehen sie sich gegenseitig immer noch liebevoll in die Augen? Berühren sie sich voller Wertschätzung und Respekt?

Ich glaube fest daran. Schließlich habe ich schon viele Paare gesehen, die es geschafft haben, ihre Liebe und ihre Anziehung auch nach 15, 20, und sogar nach 50 Jahren lebendig zu halten. Diese Paare sind unscheinbar, man merkt sie kaum. Es gibt keine Skandale, wodurch sie plötzlich auffallen würden - in den Schlagzeilen lesen wir nur selten von ihnen. Das erzeugt den Eindruck, dass es sie praktisch nicht gibt, aber das ist nicht wahr. Wenn Du die Augen aufmachst, findest Du sie überall in Deiner Umgebung – Paare, die liebevoll miteinander umgehen, die auch nach mehreren Jahren miteinander glücklich und ineinander verliebt sind. Ich habe mich auf die Suche nach solchen Paaren gemacht und habe sie überall getroffen – in meinem persönlichen Freundeskreis, auf Reisen und auch in den Zeitungen in Kreisen der bekannten Persönlichkeiten: in völlig verschiedenen sozialen Umgebungen, in völlig verschiedenen Kulturen. Für mich sind das die wahren Helden.

Aber nicht nur das. Sie sind auch die Quelle der Erkenntnis für alle, die sich nach Liebe und Verbindung sehnen – langfristig, am liebsten ein Leben lang.

Wissenschaftler weltweit haben zahlreiche Studien über Liebe und Verbindung durchgeführt und erkannt:

Selbst wenn romantische Liebe oft als unerklärlich und magisch bezeichnet wird, gibt es doch Verhaltensmuster, die erfolgreichen Paaren gemein sind.

Ich bin sehr praktisch veranlagt. Wenn ich etwas nicht weiß, lerne ich, wie es geht. Und am liebsten lerne ich von den Besten - von denen, die dieses Leben bereits leben und offensichtlich wissen, wie es geht.

Dieses Buch ist also ein Versuch, einige der Strategien herauszukristallisieren, die glückliche Paare alltäglich in ihrer Beziehung, ihrer Kommunikation miteinander nutzen.

Meine Quellen sind sowohl psychologische Forschungsarbeiten, als auch persönliche Beobachtungen und Interviews mit Paaren.

In einem bin ich mir sicher: Was sie können, können die anderen auch. Du kannst ganz leicht und mit Spaß Schritt für Schritt erlernen, was Du als Frau in Deiner Beziehung beitragen kannst, um sie schöner zu erleben. Du musst einfach nur bereit sein, an Dir zu arbeiten.

Ich habe einen Traum: Ich möchte eine ultimative Beziehung für die nächsten 50 Jahre. Keine einschränkende Beziehung, keine Handelsbeziehung, keine Beziehung aus Pflicht oder schlechtem Gewissen. Ich möchte eine romantische Liebesbeziehung, die mir Freiräume lässt, die mich unterstützt und mich als Persönlichkeit nährt. Und um das zu bekommen, bin ich bereit eine Menge zu geben.

Wenn Du dasselbe willst, lass uns zusammen auf die Entdeckungsreise gehen. Ich begleite Dich auf dieser Reise und zeige Dir reale Menschen, die eine glückliche Beziehung bereits leben. Wenn Du genau hinsiehst, findest Du heraus, welche Zutaten sie für ihre Beziehung verwenden und kannst, wenn Du es möchtest, diese für Deine Beziehung nutzen.

Ich freue mich darauf!

Meine liebe Leserin, ich weiß nicht, in welcher Situation Du Dich gerade befindest: ob Du in einer Beziehung bist oder auf der Suche nach der großen Liebe. Aber auf jeden Fall hast Du Dir sicherlich jede Menge Gedanken über die Liebe gemacht und jede Menge Erfahrungen gesammelt.

Vielleicht hast Du Dich gerade glücklich verliebt und schwebst auf der Wolke Sieben. Aus Erfahrung weißt Du, dass dieses Glück nicht selbstverständlich ist. Und Du weißt auch, dass das aufregende Gefühl der Verliebtheit nach einigen Monaten nachlassen wird. Man schätzt, dass es nur zwischen 3 und 18 Monate dauert, bis der Alltag einkehrt und beide eine Entscheidung treffen, ob man enttäuscht auseinander geht oder ob man der Liebe eine Chance gibt. Es wäre schön, wenn aus Verliebtheit eine tiefe Liebe entsteht, nicht wahr? Vielleicht fragst Du Dich schon, was Du tun könntest, um die Verbindung mit diesem von Dir ausgewählten Mann über Jahre zu tragen. Vor Deinem geistigen Auge siehst Du Dich möglicherweise mit diesem Mann alt werden. In uns allen schlummert romantische Vorstellung von der Liebe ein Leben lang. Ist das nicht so?

Einführung

Oder vielleicht bist Du bereits eine erfahrene Familienmutter und trägst die Verantwortung für Gesundheit, Wohlbefinden und Glück Deiner Kinder. Irgendwann merkst Du, dass Dein eigenes Glück auf der Strecke bleibt. Vielleicht hat die Beziehung, die Dich einst so glücklich gemacht hat, ihren Reiz verloren und Du denkst nostalgisch an die jungen Jahre zurück? Glaubst Du, dass Du die Liebe wiederaufleben lassen kannst? Träumst Du davon?

Ich habe eine gute Nachricht für Dich!

Dein Traum kann wahr werden!

Ich habe eine bessere Nachricht für Dich!

Es steht allein in Deiner Macht Deinen Traum zu realisieren.

Der Bestsellerautor *Dr. Gary Chapman* betont in seinem *Buch „Die Fünf Sprachen der Liebe"*, dass **wir uns Tag für Tag für unsere Beziehung bewusst entscheiden müssen**.

Dein Wille, sich für Deine Beziehung mit ganzem Herzen einzusetzen, ist also die Voraussetzung und der Weg zugleich.

Im vorliegenden Buch lade ich Dich ein, mit mir auf die Reise durch viele Liebesgeschichten zu gehen. Wie bei jeder Reise wirst Du neue Menschen kennen lernen, neue Ideen und Denkweisen erfahren, eine spannende Zeit haben und sehr viel lernen.

Aber bevor Du Dich auf den Weg begibst, möchte ich, dass Du Dir bewusst machst, wie viel Liebe bereits in Deinem Leben ist.

Verliebe Dich in Deinen Partner Neu!

Ich lade Dich zu unserer ersten Übung ein.

ÜBUNG

ANERKENNUNG UND DANKBARKEIT

Bringe in Erinnerung und schreibe auf:

- ❖ Wer hat Dein Leben besonders bereichert und auf welche Art und Weise?
- ❖ Welche positiven Veränderungen hat das verursacht?
- ❖ Schreibe an diese Person einen Brief und erkläre, warum Du dankbar bist und wofür.
- ❖ Klopfe bei dieser Person an oder sende den Brief per Post.

Mit dieser Aktion löst Du eine unglaubliche Kette an positiven Ereignissen in Deinem Leben aus.

Einführung

Dieses Ereignis wird zu einem magischen Moment in Deinem Leben (und höchstwahrscheinlich auch im Leben der anderen Person).

Was sind Magische Momente? *Chip Heath und Dan Heath* in ihrem Buch „*The Power Of Moments*" definieren sie als Momente, an die man sich am Ende des Lebens erinnern wird.

Woran, glaubst Du, wirst Du Dich also am Ende Deines Lebens erinnern? Wahrscheinlich nicht an eine Schulnote und nicht an die bestandene (oder auch nicht bestandene) Prüfung. Und nicht einmal an die letzte Gehaltserhöhung.

Vor allem wirst Du Dich an die emotionalen Momente in Deinen persönlichen Beziehungen erinnern.

Alles, was am Ende des Lebens zählt, sind Deine zwischenmenschlichen Beziehungen und die Emotionen, die sie in Dir auslösen.

Dabei geht es nicht nur um romantische Beziehungen. Natürlich sind sie wichtig – nicht umsonst können sie in uns sehr intensive Emotionen auslösen. Die Erfahrung zeigt jedoch, dass Menschen, die glückliche Liebesbeziehungen haben, auch sonst Menschen in ihrer Umgebung mit Liebe und Respekt behandeln – ihre Kinder, Arbeitskollegen, Freunde, unbekannte Menschen.

Liebevolle Menschen haben generell eine wertschätzende, respektvolle Einstellung anderen Menschen gegenüber.

Das, was Du da liest, ist Dir sicher nicht neu. Denk an Dich, als Du so alt warst wie das Mädchen auf dem Foto: Wie warst Du damals?

Wie hast Du damals Deine Kuscheltiere, Deine Haustiere behandelt? Welche Liebe hast Du Deinen Eltern gegenüber gespürt?

Damals, als Du noch keine Enttäuschung kanntest, warst Du liebevoll, zärtlich und das fühlte sich so selbstverständlich an, nicht wahr? Die Welt war für Dich noch in Ordnung, und Du dachtest, dass es immer so sein wird.

Gewöhne es Dir wieder an, eine solche liebevolle Person zu sein. Trage dazu bei, magische Momente in Deinem Leben und im Leben Deiner Nächsten zu erschaffen.

Es ist nicht notwendig, täglich einen Moment zu kreieren.

Erschaffe besondere Momente, indem Du ab sofort einen Tag in der Woche zum „Tag der guten Taten" ausrufst.

Genieße diese von Dir erschaffenen Momente und die Freude, die Du Menschen in Deiner Umgebung damit schenkst. Du wirst sehen: Es ist herrlich und hat Suchtpotential!

Einführung

Solltest Du gerade Angst haben, dass Deine Beziehung zerbricht, sei zuversichtlich, dass Du nicht allein bist. Viele Frauen haben ähnliche Situation erlebt und geschafft, sie zum Besseren zu wenden. Die Tipps und die Übungen, die Du in diesem Buch finden wirst, entstammen der Erfahrung dieser Frauen. Lese diese aufmerksam durch und passe sie an Deine persönliche Situation an. Es ist weise, die Erfahrung anderer Menschen zu nutzen!

Die in diesem Buch beschriebenen Tipps sind praxiserprobt. Gleichzeitig ruhen sie auf Erkenntnissen der modernen Verhaltenspsychologie. Trotzdem ersetzt dieses Buch keine Paarberatung, falls diese notwendig sein sollte. Solltest Du das Gefühl haben, dass Du professionelle Hilfe brauchst, verlasse Dich ruhig auf Deine Intuition und suche Hilfe auf. Nichts ist schmerzhafter als das Gefühl nicht genug getan zu haben, wenn es bereits zu spät ist. Nimm eine aktive Position im Leben ein und handle!

Solltest Du Dich in einer glücklichen Beziehung befinden, dann entdeckst Du in diesem Buch eine Palette von lustigen, leicht umzusetzenden Ideen, um Deine Beziehung Tag für Tag aufregender und schöner zu gestalten.

Nutze dieses Buch als Anregung für Deine eigene Kreativität. Das Ziel dieses Buchs ist, mehr Freude in Dein Leben zu bringen. Zwei unglückliche Menschen können nicht zusammen glücklich werden.

Die nächste Übung lautet also:

Mache den wichtigsten Menschen in Deinem Leben glücklich – Dich selbst!

Du brauchst dafür: die Neugier eines kleinen Mädchens, die Experimentierfreude einer Tinkerfee, die Weisheit einer Zauberin und die Stärke einer Königin!

Ich habe wieder einmal gute Nachricht für Dich: Alle diese Rollen sind bereits in Dir vorhanden. Dieses Buch wird Dir helfen, sie so zu nutzen, dass Du Deine Ziele lustvoll und spielerisch erreichst. Sei gespannt auf die Ergebnisse!

Ich wünsche Dir viel Freude und Spaß – beim Lesen und beim Umsetzen!

Teil 1: Das Fundament Deiner Beziehung

Es gibt Zeiten, die einfach perfekt dafür geeignet sind, um in sich zu gehen, über das eigene Leben nachzudenken, Pläne zu schmieden und deren Realisierung vorzubereiten.

Üblicherweise sind das Zeiten, die Änderungen einleiten. Wie diese Änderungen dann letztendlich sein werden, hängt allein von Dir und von Deinen heutigen Entscheidungen ab.

Ich wünsche Dir dabei viel Weisheit und viel Liebe!

Status quo Deiner Beziehung – wo stehst Du heute und wo willst Du hin?

Betrachte das nächste Jahr Deines Lebens als ein Projekt mit dem Ziel Deine Traumbeziehung zu kreieren. Definiere ein klares Ziel.

Es kann zum Beispiel lauten: Ich möchte eine tiefe Verbindung mit meinem Mann erleben. Ich würde diese tiefe Verbindung dann spüren, wenn er mich in den Arm nimmt, mir in die Augen schaut und mir sagt, wie sehr er mich liebt.

Oder: Ich möchte, dass mein Mann mir seine Zuneigung zeigt, indem er täglich etwas Zeit mit mir und Kindern verbringt und im Haushalt hilft (Du kannst natürlich auch angeben, was konkret Dir helfen würde und wie viel Zeit konkret er mit Dir und den Kindern verbringen soll).

Oder vielleicht: Ich möchte, dass mein Mann mir in diesem Jahr seine Zuneigung zeigt, indem er mir regelmäßig kleine Geschenke überreicht und sich jede Woche Zeit nur für uns allein nimmt.

Was auch immer Du Dir wünschst, achte darauf, dass dieser Wunsch klar formuliert und konkret ist.

Status quo Deiner Beziehung – wo stehst Du heute und wo willst Du hin?

Es wird Dir helfen, wenn Du selbst auf folgende Fragen antworten kannst:

- ❖ Was genau soll passieren, damit Du Dich geliebt fühlst?
- ❖ Was genau zeigt Dir, dass Du Deinem Mann wichtig bist?
- ❖ Wie genau zeigst Du Liebe, Respekt und Wertschätzung Deinem Mann gegenüber?
- ❖ Was gefällt Dir in Deinem Leben jetzt? Was möchtest Du auf jeden Fall behalten?
- ❖ Was in Deinem Leben möchtest Du verändern?
- ❖ Was soll Dein ideales Leben in einem Jahr konkret beinhalten?
- ❖ Wie kannst Du dafür sorgen, dass bereits der Weg zum Ziel Dir Spaß und Erfüllung bringt?
- ❖ Was konkret zeigt Dir, dass Dein Ziel erreicht ist?
- ❖ Welche positiven und welche negativen Veränderungen in Deinem Leben werden eintreten, wenn Du Dein Ziel erreicht hast?
- ❖ Welche Hilfe brauchst Du, um Dein Ziel zu erreichen, und wo findest Du sie?

ÜBUNG

Stell Dir vor: Wie würde es sich für Dich anfühlen, wenn Du Dein Ziel bereits erreicht hättest?

Schließe die Augen und gehe in Dich hinein. Stelle Dir Deine zukünftige Beziehung so vor, als würdest Du einen Film sehen. Du führst Regie, Du spielst die Hauptrolle und Du bist die Zuschauerin dieses Films. Nimm Dir Zeit dafür, alle Einzelheiten auszumalen – Farben, Klänge, Geräusche, Menschen, Orte, Gefühle und Stimmungen – jedes auch so kleine Detail. Lass angenehme Musik laufen, schaffe entspannte Atmosphäre und erlaube Dir, diesen Tagtraum einfach zu genießen.

Öffne jetzt die Augen, nimm einen Stift und ein Stück Papier und schreibe Dein Ziel auf oder, wenn Du möchtest, zeichne ein Bild davon mit bunten Stiften. Wenn Du schreibst, so formuliere Deine Angaben kurz und präzise: Was geschieht, wo und wann. Achte darauf, dass Du im Präsens schreibst.

Schreibe auch die Antworten auf die Fragen oben auf. Mach Dir bewusst, dass heute in einem Jahr alles so sein wird wie Du es Dir wünschst.

Was Du damit schaffst, nennt man in der Psychologie „Selbsterfüllende Prophezeiung": Du führst Regie Deines Lebens im wahrsten Sinne des Wortes.

Aus der Forschung

Selbsterfüllende Prophezeiungen

Selbsterfüllende Prophezeiungen sind die Vorhersagen, welche das Verhalten so verändern, dass es das Erwartete hervorbringt.

Schon in den 60er Jahren wurde das Phänomen der „Selbsterfüllenden Prophezeiung" in einer Grundschule in Boston eindrucksvoll demonstriert.

Die Forscher haben die Lehrer darüber informiert, dass einige der Schüler in deren Klassen hochbegabt seien und ein

> Leistungsschub bei ihnen zu erwarten sei. In Wahrheit wurden die Schüler nach Zufallsprinzip ausgewählt.
>
> Als nach einem Jahr die Schüler getestet wurden, haben die Forscher mit Erstaunen festgestellt, dass IQ gerade dieser ausgewählten Schüler im Durchschnitt um 22 Punkte gestiegen ist.
>
> Die Lehrer übertrugen nämlich ihre Erwartungen auf die Schüler und schufen dadurch unbewusst günstige Situationen, in denen diese Schüler sich besser entwickeln konnten.

Ein prominenter Fall der selbsterfüllenden Prophezeiung in der Geschichte geschah mit *Madame Jeanne-Antoinette Poisson,* besser bekannt unter dem Namen **Madame de Pompadour.**

Mit neun Jahren prophezeite die Wahrsagerin *Madame Lebon* dem Mädchen, dass sie eines Tages die Mätresse des *Königs Ludwig XV.* sein werde. Seitdem unternahm ihre Mutter, und später sie selbst alles Mögliche, um dem König näher zu kommen.

Schließlich begegnete Jeanne-Antoinette diesem begehrten Mann auf einem Maskenball und schaffte es, sein Interesse und sein Begehren nach ihr zu wecken. Wenn Du die Reproduktion eines solchen Maskenballs in Versailles genau ansiehst, wirst Du merken, dass dies keine leichte Aufgabe sein dürfte.

Status quo Deiner Beziehung – wo stehst Du heute und wo willst Du hin?

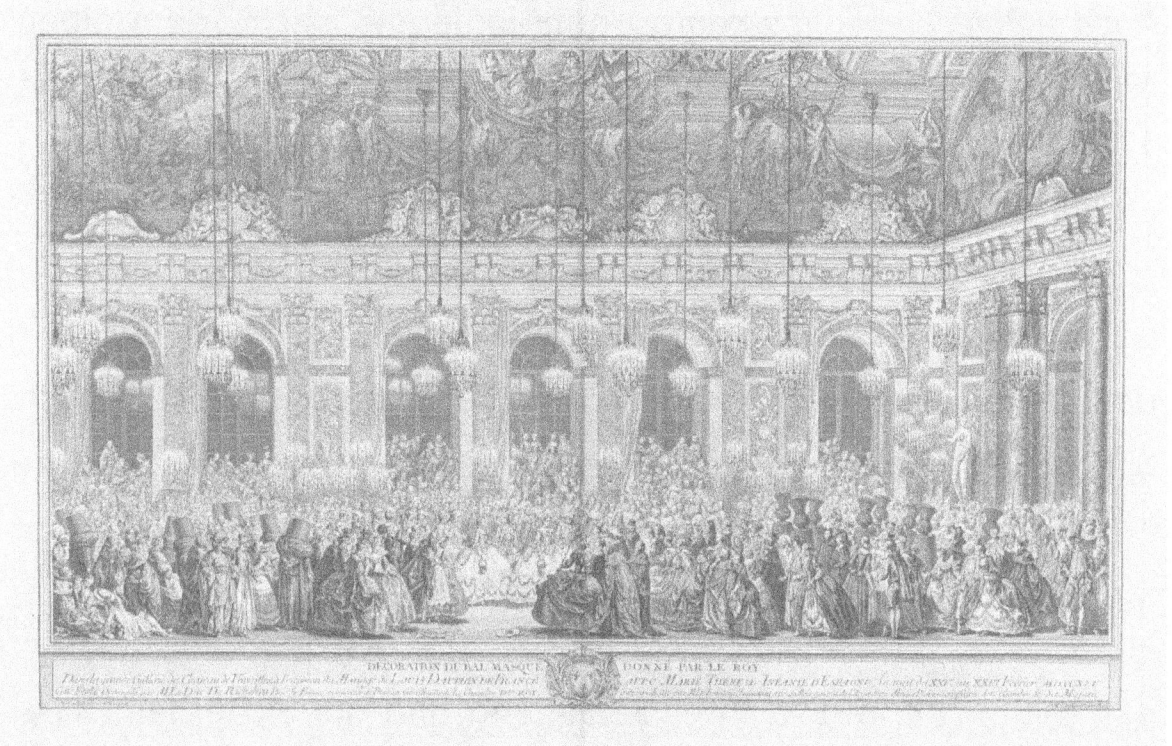

Abbildung 1 Charles Nicolas Cochin I, Decoration for a Masked Ball at Versailles, ca. 1860

Jeanne-Antoinette Poisson wurde zu der berühmtesten Mätresse des französischen Hofs. Sie war die erste Bürgerliche, die zu diesem Status kam. Damit nicht genug: Der König erhob sie zur Marquise de Pompadour mit Landsitz und eigenem Wappen. Am 14. September 1745 fand ihre offizielle Vorstellung am Hof von Versailles statt. Bis zu ihrem Tod behielt sie die Stellung der offiziellen Mätresse des Königs.

Die Wahrsagerin erhielt später eine großzügige Rente von 600 Livres.

Auch *Placebo-Medikamente* funktionieren nach demselben Prinzip: Die Erwartung einer Heilung und nicht die chemische Zusammensetzung der Medikamente bringt die erwünschten Ergebnisse.

Genau das erreichst Du durch das positive Bild Deiner Zukunft und Deiner Beziehung. Während meiner Arbeit an diesem Buch habe ich Frauen befragt, die von sich gesagt haben, dass sie eine erfüllende Beziehung führen. Aus der Befragung ging etwas hervor, was ihnen allen gemeinsam war, nämlich:

das optimistische Bild ihrer Beziehung und die Sicherheit, dass das so bleibt.

Ein optimistisches Ziel ist wie das Licht eines Leuchtturms: Du wirst Dich intuitiv für die richtigen Verhaltensweisen entscheiden, wenn Du dieses Ziel vor Augen hast.

Mehr als das: Dadurch, dass Du genau weißt, wie wunderschön Deine Zukunft sein wird, fühlst Du Dich jetzt schon entspannt, ausgeglichen und selbstsicher. Du weißt, dass Du Dein Leben im Griff hast. Du bist die Königin in Deinem persönlichen Königreich und gestaltest Dein Königreich - Dein Leben - nach Deinen eigenen Vorstellungen und Wünschen.

ÜBUNG

Schreibe Deine Gedanken auf

Ich möchte Dich ermutigen, Deine Geschichten aufzuschreiben.

Kaufe Dir ein Tagebuch und schreibe dort Deine Gedanken und Ideen, Deine Träume, Fantasien und, natürlich, Deine Geschichten auf.

Dein Tagebuch wird zu Deinem treuen Begleiter werden, zu Deiner „besten Freundin".

AUS DER FORSCHUNG

AUFSCHREIBEN VON GEFÜHLEN UND GEDANKEN REDUZIERT STRESS

Hast Du gewusst, dass das Aufschreiben von Gefühlen und Gedanken wesentlich dazu beitragen kann, Stress zu reduzieren?

Die Wissenschaftler haben folgendes Experiment durchgeführt:

Vor einer komplizierten Klausur in Mathematik ließen sie eine Gruppe der Studierenden 10 Minuten lang einen Text über ihre Gedanken und Gefühle in Zusammenhang mit der Klausur aufschreiben. Eine Kontrollgruppe der Studierenden war sich selbst überlassen und wartete einfach auf die Prüfung.

Die Forscher vermuteten, dass Gedanken und Gefühle vor der Prüfung das Arbeitsgedächtnis der Studierenden belasten und die Studierenden daran hindern, ihr ganzes Potenzial zu nutzen und das vollständige Wissen abzurufen.

Damit lagen die Forscher absolut richtig: Die Schreibgruppe, die ihre Gefühle und Gedanken vor der Prüfung „loswerden" konnte, schnitt um 20% besser ab als die Vergleichsgruppe.

Erschaffe Deine ultimative Beziehungsvision

„Jeder, der nach seinen Möglichkeiten lebt, leidet unter einem Mangel an Fantasie."
Oscar Wilde

Als nächstes brauchst Du eine klare Vision - ein Abbild Deiner Destination. Du kannst sie mit einer Fahrkarte vergleichen, die Dir bezeugt, dass Du genau dorthin und nirgendwo anders hinwillst.

Ich bitte Dich über folgende drei Dinge nachzudenken:

- ❖ Was sind Deine Werte?
- ❖ Was sind Deine Bedürfnisse?
- ❖ Was willst Du wirklich?

Warum brauchst Du Werte und wie findest Du sie heraus?

Im *Dorsch Lexikon der Psychologie* sind Werte als Maßstäbe definiert. Werte stellen ein Konzept darüber dar, was erstrebenswert ist. Sie bestimmen die Auswahl der Handlungsarten, Handlungsmittel und Handlungsziele, die Menschen im Leben treffen.

Werte können uns bewusst und unbewusst sein. Bewusst wird ein Wert meistens dann, wenn er verletzt wird. Wenn Pünktlichkeit beispielsweise einer Deiner Werte ist, fühlst Du Dich verletzt, wenn jemand zu spät zur Verabredung kommt.

Oft werden Werte pauschal gebraucht – ohne Angabe, was GENAU darunter verstanden wird. Das kann leider zu Missverständnissen führen, denn jeder Mensch füllt die Wertbegriffe mit etwas anderen subjektiven Inhalten. Zum Beispiel werden die meisten Menschen sagen, dass Respekt ihnen wichtig ist. Was aber GENAU unter Respekt verstanden wird; wie Respekt GENAU zum Ausdruck gebracht wird, unterscheidet sich von Person zu Person.

Menschen gewichten ihre Werte oft in Abhängigkeit vom jeweiligen Kontext. Wenn Dir beispielsweise Pünktlichkeit in einer beruflichen Situation wichtig ist, kann es gleichzeitig sein, dass sie bei einem Treffen unter Freunden gar keine so große Rolle für Dich spielt.

Es gibt Werte, die Dir in einer Situation helfen, Dich aber in einer anderen behindern. Der Wert Ordnung kann für Dich hilfreich sein, wenn Du Dein Zuhause aufräumst, derselbe Wert kann jedoch für Konflikte mit Deinem Mann oder Deinen Kindern sorgen, wenn deren Sinn für Ordnung weniger ausgeprägt ist als Deiner.

Das Wissen über Deine Werte ist für die Beziehung ausschlaggebend. Wenn Dir Deine Werte bewusst sind, kannst Du:

- ❖ Besser mitteilen, was Dir wichtig ist
- ❖ Deine Werte einem bestimmten Kontext anpassen oder gar verändern. Sollte ein Wert Dir im Wege stehen, so wie der Wert Ordnung in unserem Beispiel oben, kannst Du, wenn Du möchtest, in Deinem Geiste solche Werte wie Toleranz, Respekt oder Harmonie „aufwerten", so dass sie für Dich höher angesetzt sind als der Wert Ordnung. Du brauchst Dir keine Sorgen zu machen, dass die Wohnung deswegen im Chaos versinkt. Deine neue Werteordnung bewirkt nur, dass Du weniger auf das Problem fokussiert und ärgerlich bist, sondern stattdessen auf kreative Art und Weise neue Lösungen findest.

Plötzlich kommen Dir neue Ideen in den Sinn, die sowohl Deine Werte als auch die Werte Deiner Nächsten erfüllen werden.

Eine Interviewte von mir hat zum Beispiel berichtet, dass sie gerne aufräumt, während das Kochen, die Gartenpflege und das Reparieren im Haus komplett in die Zuständigkeit ihres Mannes fallen.

Sie würdigt verbal und non-verbal seine und ihre Arbeit: „Schaut mal, wie schön es ist, wenn alles funktioniert, das Haus so sauber ist und so gut riecht!"

Die Arbeitsteilung steht für sie stellvertretend für Harmonie und Liebe in der Familie – eine Errungenschaft, auf die sie stolz ist.

Sicher wirst Du auch weitere Lösungsstrategien für Dein Problem finden, sobald Du Dir Deiner Werte bewusst bist.

Es ist ungemein wichtig, dass Du im Klaren über Deine Werte bist. Werte schaffen Orientierung und Fokus in Deinem Leben.

Erschaffe Deine ultimative Beziehungsvision

Übung

Finde Deine Werte heraus

Diese effektive Methode habe ich im NLP Seminar von Petra Fürst kennengelernt. Als ich das erste Mal meine Werteliste erstellt habe, war ich überrascht, wie wenig ich über meine eigenen Werte bisher wusste. Waren meine Werte verletzt, zweifelte ich oft an mir selbst und glaubte, dass ich möglicherweise überhöhte Ansprüche stelle ...

Solltest Du Ähnliches erlebt haben, möchte ich Dir Mut machen zu Deinen Werten zu stehen:

Deine Ansprüche sind in Ordnung. Werte sind das, was Dir wichtig ist. Und das, was Dir wichtig ist, verdient mit Respekt behandelt zu werden.

Nimm ein Blatt Papier und schreibe zehn Werte in Bezug auf Deine Beziehung auf. Diese Werte können mehr oder weniger wichtig für Dich sein – für den Moment spielt das keine Rolle. Du kannst die beigelegte Werteliste durchlesen und Werte aussuchen, die Dir am wichtigsten erscheinen.

Abwechslung	Ehrgeiz	Kongruenz
Achtsamkeit	Ehrlichkeit	Kreativität
Aktivität	Eigenständigkeit	Lebenskraft
Akzeptanz	Erfindungsgabe	Lebhaftigkeit
Anerkennung	Erfolg	Leidenschaft
Anpassungsfähigkeit	Ernsthaftigkeit	Leistung

Verliebe Dich in Deinen Partner Neu!

Anstand	Exzellenz	Leitung
Anziehungskraft	Fairness	Lernen
Aufgeschlossenheit	Familie	Liebe
Aufmerksamkeit	Faszination	Logik
Aufrichtigkeit	Finanzielle	Loyalität
Ausbildung	Unabhängigkeit	Macht
Ausdauer	Fitness	Mäßigung
Ausdrucksfähigkeit	Fleiß	Mitgefühl
Ausgeglichenheit	Flexibilität	Mode
Ausgelassenheit	Flow	Motivation
Bedachtsamkeit	Fokus	Mündigkeit
Beflissenheit	Freiheit	Mut
Befreiung	Freizügigkeit	Nähe
Begierde	Freude	Optimismus
Beharrlichkeit	Freundlichkeit	Ordnung
Beherrschung	Frieden	Pflicht
Beliebtheit	Führung	Phantasie
Bereitschaft	Furchtlosigkeit	Potenz
Bereitwilligkeit	Gastfreundschaft	Proaktiv sein
Berühmtheit	Geben	Pünktlichkeit
Beschaulichkeit	Gerechtigkeit	Reichtum
Bescheidenheit	Gemütlichkeit	Reife
Besonnenheit	Geselligkeit	Respekt
Bestätigung	Gewandtheit	Schönheit
Charme	Gewinnen	Selbstvertrauen
Coolness	Glaube	Seltsamkeit
Dankbarkeit	Glaubwürdigkeit	Sexualität
Demut	Glück	Sicherheit
Der Beste sein	Großzügigkeit	Sinnlichkeit
Disziplin	Gründlichkeit	Sittsamkeit
Durchsetzungsvermögen	Harmonie	Spaß
Edelmut	Hartnäckigkeit	Spiritualität
Effektivität	Heldentum	Stabilität
Effizienz	Herausforderung	Stärke
Ehre	Herzlichkeit	Teamwork
Einfachheit	Hilfsbereitschaft	Träumen
Einfallsreichtum	Hingabe	Treue
Einfühlungsvermögen	Hochgefühl	Verbindung

© 2018 Life Culture Publishing

Erschaffe Deine ultimative Beziehungsvision

EINHEIT	HOFFNUNG	VERSPIELTHEIT
EINZIGARTIGKEIT	HÖFLICHKEIT	VERTRAUEN
EKSTASE	HUMOR	VITALITÄT
ELEGANZ	HYGIENE	WACHSAMKEIT
ENERGIE	INTELLIGENZ	WÄRME
ENTDECKUNG	INTIMITÄT	WEISHEIT
ENTHUSIASMUS	INTUITION	WISSEN
ENTSCHLOSSENHEIT	INVESTIERUNG	WÜRDE
ENTSPANNUNG	JUGENDLICHKEIT	ZUNEIGUNG
ERFAHRUNG	KLUGHEIT	ZUVERLÄSSIGKEIT
	KOMFORT	

NUN SCHAFFE DIE RANGORDNUNG DEINER WERTE

„Der Wert für immaterielle Dinge [...] ist derart subjektiv, dass man immer nur selbst beurteilen kann, ob ein Preis (dafür) angemessen ist oder nicht. Aber wir alle besitzen auch kostbare Güter, die wir ganz und gar nicht einzuschätzen wissen. Die Würde zum Beispiel. Ich halte die eigene Würde, den Selbstrespekt für so wertvoll, dass damit zu zahlen immer ein zu hoher Preis ist."
Jorge Bucay,
Zitat aus der Erzählung
„Der König, der angebetet werden wollte"

Werte zeichnen sich insbesondere durch ihre Messbarkeit aus.

Das Ergebnis der Messung kann subjektiv (Wert des Lebens) oder objektiv (Wert des Geldes) sein. Alles, was gemessen werden kann, ergibt einen Wert. Frage Dich beispielsweise, was Dir Liebe wert ist, was Dir Respekt und Sicherheit wert sind und vergleiche Deine Werte miteinander aufgrund ihrer WERTIGKEIT für Dich.

Deine Aufgabe jetzt ist Deine persönliche Wertehierarchie im direkten Wertevergleich herauszufinden.

Vergleiche zuerst den ersten Wert auf Deiner Werteliste mit dem zweiten, dritten, vierten und so weiter nach unten. Dann vergleichst Du den zweiten Wert mit dem dritten, vierten, fünften und so weiter nach unten. Den dritten Wert mit dem vierten, fünften… Und das so lange bis Du jeden Wert mit jedem verglichen und auf die Wichtigkeit bzw. Wertigkeit für Dich überprüft hast. Das Ergebnis kann Dich überraschen.

Ein Beispiel:

Die Bewertung der Werte:

- *Ehrlichkeit ///// /*
- *Ordnung //*
- *Respekt ///// ///*
- *Humor ////*
- *Liebevoller Umgang ///// ////*
- *Kreativität //*
- *Sicherheit ////*
- *Pünktlichkeit*
- *Selbstverwirklichung ///// /*

Meine priorisierte Liste:

1. *Liebevoller Umgang ///// ////*
2. *Respekt ///// ///*
3. *Ehrlichkeit ///// /*
4. *Selbstverwirklichung ///// /*
5. *Humor ////*
6. *Sicherheit ////*
7. *Freiheit ///*
8. *Ordnung //*
9. *Kreativität //*
10. *Pünktlichkeit*

Die Rangordnung ist von entscheidender Bedeutung: Menschen, die Selbstverwirklichung höher einstufen als beispielsweise Harmonie, werden andere Entscheidungen treffen als Menschen, die Harmonie zu ihrem höchsten Wert zählen, nicht wahr? Und jemand mit dem höchsten Wert Pünktlichkeit wird wiederum andere Entscheidungen treffen als jemand mit dem höchsten Wert Kreativität.

WAS SIND DEINE BEDÜRFNISSE?

Bedürfnisse sind unsere zentralen Motivatoren. Alles, was wir tun, tun wir aufgrund unserer Bedürfnisse. Es ist ungemein wichtig, dass Du dabei auf Deine Gefühle achtest:

Gefühle sind Indikatoren und Warnzeichen dafür, ob ein Bedürfnis erfüllt ist oder nicht.

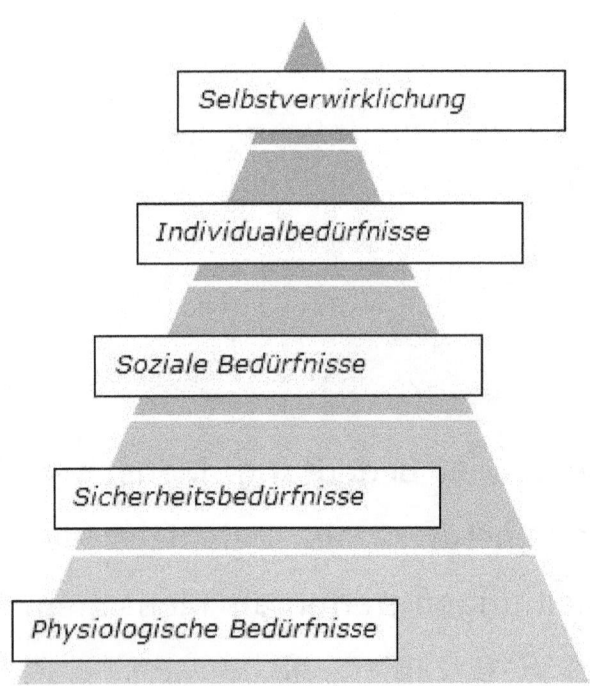

Viele Psychologen haben oft schon versucht, menschliche Bedürfnisse in einem übersichtlichen System zusammenzufassen.

Das bekannteste System ist die Maslowsche Bedürfnispyramide, über die viel diskutiert wird.

Obwohl sie umstritten ist, wird sie nach wie vor oft zitiert. Man muss sagen, dass die Theorie von Malslow selbst wesentlich komplexer ist als die Darstellung der Pyramide es vermuten lässt, obwohl er gerade für diese Darstellung bekannt geworden ist.

Der Interpretation zufolge sind physiologische Bedürfnisse wie Essen, Trinken und Schlafen Basisbedürfnisse der Menschen, ohne die wir nicht leben können.

Es wurde jedoch nachgewiesen, dass Menschen auch dann gefährdet sind, wenn sie in einer lieblosen Umgebung leben. Nach dem Krieg, als Kinderheime überfüllt waren, wurde beobachtet, dass die Säuglingssterblichkeit direkt von der Intensität der persönlichen Zuwendung abhing.

Auch die geistige und soziale Entwicklung der Kinder hängen direkt davon ab, wie viel Liebe und Geborgenheit sie in ihrem Leben erfahren.

Das moderne System, das ich Dir gern vorstellen möchte, ist das System des amerikanischen Bestseller-Autors und Coachs Tony Robbins.

Tony unterscheidet 6 folgende Basisbedürfnisse:

- Liebe und Verbindung
- Sicherheit
- Abwechslung
- Anerkennung
- Persönliches Wachstum und Lernen
- Persönlicher Beitrag zum Wohl der Anderen

Laut Tony hat jeder Mensch alle diese Bedürfnisse, nur die Hierarchie unterschiedet sich. Selbst wenn nur vier dieser Bedürfnisse erfüllt sind, leben Paare ein glückliches und erfülltes Leben zusammen.

Während Dir Liebe und Verbindung am wichtigsten sind, kann es gleichzeitig sein, dass bei Deinem Partner das persönliche Wachstum an der ersten Stelle steht. Das bedeutet keineswegs, dass die Liebe ihm nicht wichtig ist. Sie ist nur im Moment nicht so wichtig wie die persönliche Entfaltung.

Sollte das bei Deinem Partner der Fall sein, bitte akzeptiere das. Das bedeutet nichts anderes, dass er Dich vervollständigt und dass ihr voneinander lernen könnt.

Wenn Du Deinem Mann die Möglichkeit gibst, sich zu entwickeln, ist es gut möglich, dass Du mit ihm zusammen Großes erreichst. Du wirst zu seiner Muse und wer weiß: Vielleicht gerade dann wird ihm klar, dass dies seine Liebe zu Dir war, die ihn zum Wachstum motiviert hatte.

Wichtig! Ich meine damit nicht, dass Du auf Deine Bedürfnisse verzichten sollst. Ich rufe Dich dazu auf, die Grenze zwischen Deinen und seinen Verantwortungsbereichen zu ziehen. Deine Ziele und Träume sind genauso wichtig wie seine auch. Spricht offen darüber und setzt Ziele, die Euch beide glücklich machen. Dadurch erreichst Du Folgendes:

Wenn Du Interesse an seinen Zielen zeigst, ihn unterstützt und auf ihn stolz bist, beflügelst Du ihn und schaffst Vertrauen. Das haben wir gelernt.

Wenn Du dabei Deine Ziele verfolgst, machst Du ihn auf Dich stolz. Du erzeugst Respekt Dir gegenüber. Jeder Mann möchte mit einer Frau zusammen sein, auf die er stolz sein kann. Achte deswegen auf Dich und Deine Ziele. Tausche mit ihm aus, frage nach einem Rat und bedanke ihn für seine Unterstützung. Eure beiden Ziele werden Euch vereinen.

WAS WILLST DU WIRKLICH?

Viel zu oft verfolgen wir widersprüchliche Ziele, deren vollständiges Erreichen per se nicht möglich ist. Wenn Du sagst: „Ich möchte glücklich sein", dann definiere, was für Dich Glück bedeutet. Ein Interviewter sagte: „Ich wäre glücklich, wenn meine Kinder immer brav und in der Schule erfolgreich wären…" Wie realistisch ist es denn, dass unsere Kinder IMMER brav und erfolgreich sind? Wir sollen unser Glück nicht davon abhängig machen. Definiere Dein Glück immer und ausschließlich durch Dich selbst, nicht durch andere Personen.

ÜBUNG

SCHREIBE DEINE VISION AUF

Nachdem Du die Hierarchien Deiner Werte und Deiner Bedürfnisse kennst, kannst Du Dir ein realistisches Bild davon machen, was Dir im Leben wirklich wichtig ist. Basierend auf diesem Bild erschaffst Du Deine ideale Zukunft, so wie sie sein soll.

Beschränke Dich nicht auf das Thema „romantische Beziehung". Es geht um so viel mehr als das.

Schreibe auf:

- ❖ Wie soll die Beziehung zu Deinem Partner sein?
- ❖ Wie soll die Beziehung zu Deinen Kindern / Deinen Eltern / wichtigen Menschen in Deinem Leben sein?

- ❖ Was ist Dein großer Traum?
- ❖ Wo und wie willst Du leben?
- ❖ Welche Beschäftigung würde Dir Freude machen?
- ❖ Wie viel Geld möchtest Du verdienen?

Durch ein ganzheitliches Bild machst Du Deine Vision erst vollständig.

Alle Teile Deines Lebens in Deiner Vision sollen in Einklang und Harmonie zueinanderstehen.

Ich gebe Dir ein Beispiel:

Einige Frauen glauben, dass es schwer ist, einen Mann zu finden, wenn man Kinder hat. Gehörst Du dazu?

Anstatt über das unlösbare Dilemma Kinder vs. Mann nachzugrübeln, frage Dich lieber:

Welche Eigenschaften muss ein Mann mitbringen, damit Euer gemeinsames Leben mit Deinen (und eventuell seinen) Kindern schön ist und Spaß macht? Wenn Du diese Eigenschaften festgelegt hast, weißt Du bereits, wo Du ihn suchen und worauf Du achten musst. Solltest Du auf der Suche sein, schreibe diese Eigenschaften in Deiner Vision auf. Und denk daran:

Wie Du Deine Zukunft jetzt beschreibst, so wird sie auch. Sei also nicht zu bescheiden.

Sei wählerisch!

Eine Frau, die so intelligent ist wie Du, die so hart an sich arbeitet, kann ruhig anspruchsvoll sein.

Sei flexibel!

Lege Dich nur auf wenige so genannte „Must-haves" fest, enge Dich nicht zu sehr ein, sei offen für Möglichkeiten und Chancen.

Übrigens: Aus meiner Befragung der glücklichen Paare ging unter anderem hervor, dass der Wert Freiheit in den glücklichen Beziehungen auf der Wertehierarchie ziemlich hoch angesetzt ist, übertroffen vielleicht nur durch Werte Liebe und Wertschätzung.

Kommuniziere Deine Vision: Die Kraft einer guten Geschichte

> *„Die einzige Pflicht, die wir der Geschichte gegenüber haben, ist, sie umzuschreiben."*
> *Oscar Wilde*

Nun kennst Du Deine Werte und Deine Bedürfnisse. In Deiner Vision hast Du auch schon Deine Beziehung in allen Farben ausgemalt. Vielleicht hast Du sie sogar zu Papier gebracht. Du kannst buchstäblich „sehen", wie harmonisch und erfüllt Dein Leben in einem Jahr sein wird. Und Du kannst die Vorfreude darüber nicht verbergen. Am liebsten willst Du die ganze Welt umarmen und mit der Idee des harmonischen Miteinanders „infizieren".

Richtig so! Schließlich willst Du, dass Dein Mann und Deine Kinder Deine Hoffnungen, Deine Vision und Dein neues glückliches Selbstbild mitbekommen und davon profitieren.

Gehe aber dabei behutsam vor: Wenn zuvor in der Familie Kälte herrschte, wird es schwierig, Deinen plötzlichen Stimmungswechsel zu erklären und es wird noch schwieriger sein, die Familie zu ihrem Glück zu „überreden".

Menschen neigen dazu, auf Veränderungen skeptisch zu reagieren. Wir vermuten oft das Schlimmste. Vor Millionen von Jahren war Pessimismus überlebensnotwendig. Er sorgte dafür, dass man rechtzeitig aufbrach, bevor die Dürre kam und mit ihr der Hunger, und dass man bereit war, die Flucht zu ergreifen, wenn ein gefährliches Tier in der Nähe war.

Darum sei nachsichtig mit Deinen Liebsten und falle bitte nicht mit der Tür ins Haus. Gewöhne Deine Familie langsam daran, dass Du **kontinuierlich** gut gelaunt, humorvoll und freundlich bist. Deine Zukunft beginnt nämlich JETZT, und die Veränderungen fangen vor allem mit DIR an.

Als ich mich an dieses Buch gewagt habe, habe ich als erstes viele Männer dazu befragt, was für Schwierigkeiten sie in einer langfristigen Beziehung erlebt haben. Und Du wirst mir nicht glauben, wie oft ich den Satz hören musste, dass „die Routine der Tod für die Liebe sei". Um ehrlich zu sein, gab es keinen, der diesen Satz auf eine oder andere Art und Weise nicht ausgesprochen hätte. Verstehst Du, was das bedeutet? Welche unglaublichen Konsequenzen das hat? Männer – und ich wette, Frauen auch – sehnen sich nach Leichtigkeit, Fantasie, Leidenschaft und Spiel in ihrer Beziehung. Indem Du stets humorvoll, freundlich und gut gelaunt bist, machst Du den ersten Schritt in diese Richtung.

Kommuniziere Deine Vision: Die Kraft einer guten Geschichte

Das Leben ist ein Spiel und die Liebe ist das erst recht. Wenn Du ein aufregendes Leben führen willst, Deine Liebe über Jahre hinweg in Deinem Herzen tragen möchtest, wenn Du Deinem Partner mit Vertrauen begegnen willst, musst Du lernen, Dich auf dieses Spiel einzulassen - mit Leidenschaft und Fantasie.

Genieße das Spiel, und Dein Mann wird niemals sagen können, dass es ihm langweilig mit Dir ist.

Kommuniziere Deine Vision, indem Du Geschichten erzählst und positive Emotionen weckst.

Träume laut! Sprich Teile Deiner Vision aus, die für die anderen relevant sind. Mache Pläne und gewinne Verbündete! Stecke alle Familienmitglieder mit Deiner Freude an und lasse sie mitträumen und mitgestalten. Dabei spielt es gar keine Rolle, was für eine Aktivität Du genau planst: Eine gemeinsame Feier, eine Reise, ein Grillabend, ein Kinobesuch oder ein Kochabend mit der ganzen Familie – Du kannst aus allem ein Abenteuer machen.

Erlaube Dir und Deinem Partner **gemeinsam** zu träumen. Gemeinsame Träume vereinen. Und Du hast das schon einmal gemacht, nicht wahr? Nämlich am Anfang Deiner Beziehung, gerade als Du Dich in diesen Mann verliebt hast.

Fokussiere Dich auf das Positive, was Ihr gemeinsam habt, und verlange nichts von Deinem Partner. Auf gar keinen Fall darfst Du Konfrontation erzeugen, falls sein Zukunftsbild Deinem nicht ganz entspricht oder ihm sogar widerspricht. Das macht überhaupt nichts! Wichtig ist, dass Ihr anfangt wieder gemeinsam zu träumen – völlig egal, ob Eure Träume nun realistisch sind oder nicht.

Animiere Deinen Partner dazu, sich an **die positiven Ereignisse in der Vergangenheit** zu erinnern. Erzähle ihm schöne Geschichten aus der Zeit am Anfang Eurer Beziehung. Bringe ihn zum Lachen und Schmunzeln. Kuschelt zusammen wie damals. Es gibt bestimmt auch andere Sachen, die Ihr damals geliebt habt, und die jetzt in Vergessenheit geraten sind. Genau diese einfachen Sachen haben Euch damals vereint. Erinnere Dich an sie und führ sie wieder in Euer gemeinsames Leben ein.

Stelle Fragen! Bleibe interessiert an seiner Meinung: Wie soll Euer Leben in einem Jahr aussehen? Wovon soll es mehr werden? Kreiere und propagiere das **gemeinsame Bild** Eurer Wunschbeziehung.

Schenke ihm Wertschätzung! Jedes Mal, wenn Du sein Engagement merkst, jedes Mal, wenn Du eine Aufmerksamkeit von ihm erhältst, und jedes Mal, wenn er etwas Nettes zu Dir sagt, zeige Freude und Wertschätzung!

Solltest Du gerade verletzt oder müde sein und sollten die negativen Gedanken überwiegen, verschiebe das Gespräch, **nimm Zeit nur für Dich allein**, geh in Dich und schreibe 10 Dinge auf, die Du an Deinem Partner besonders schätzt. Bitte denke dabei, wie **dankbar** Du ihm dafür bist. Es ist ungemein wichtig, dass Du Dich in einem positiven und freundlichen Zustand befindest. Dein Partner wird das spüren und bereit sein, auf Deine Wünsche einzugehen.

Und bitte vergiss nicht: **Du kannst nichts erzwingen, wirklich gar nichts.** Dein Partner soll aus freien Stücken an der Beziehung „mitarbeiten" wollen. Da die „Arbeit" jedoch oft mit Leistungsdruck und Stress assoziiert wird, und der Ausgang dieser Arbeit bei ihm noch kein konkretes positives Bild auslöst, kann es bei ihm zu Widerständen kommen. Mache daraus bitte keinen Machtkampf. Vermittle lieber Deinem Mann, dass es sich bei der „Arbeit" an der Beziehung eher um Spaß für Euch beide handelt. Gehe mit Leichtigkeit und einer guten Portion Humor an die Sache ran.

Übung

Erwecke die Scheherazade in Dir

Eine gute Beziehung braucht eine Vision: einen Traum vom Leben, so aufregend, als ob es ein Märchen wäre. Wie erschafft man einen Traum? Ganz einfach: Man erzählt Geschichten darüber.

Eigentlich können wir Menschen ohne Geschichten gar nicht leben. Wir erzählen IMMER eine Geschichte. Erfolgreiche Menschen erzählen vom Erfolg, glückliche Menschen von ihrem Glück. Und Menschen, die erzählen, wie unglücklich sie sind, geben die Verantwortung für ihr Leben an die Umstände und andere Menschen ab. Und so bleiben sie in ihrer Geschichte stecken.

Jede Geschichte wird früher oder später zur Realität. Du hast die Wahl:

Welche Geschichte erzählst Du?

Denke gut darüber nach, denn auch Deine Geschichte wird wahr. Wenn Du positiv über Deine Beziehung und Deinen Mann sprichst, wenn Du die Gabe hast zu sehen, was er für Dich tut, und dafür dankbar zu sein, wirst Du eine wunderschöne Love-Story erleben.

Ich möchte Dich nun bitten, Dich in die arabische Königin Scheherazade zu verwandeln - die Schönheit aus „Tausend und einer Nacht".

Diese Königin erzählt Ihrem König Nacht für Nacht zauberhafte Geschichten. In der Früh bricht sie jedoch diese unvollendet ab. Der sonst gefürchtete Herrscher ist mit süßer Qual des Erwartens erfüllt und sehnt sich nach der Fortsetzung in der darauffolgenden Nacht.

Nun bist Du sie - die Scheherazade:

Erzähle Deinem Mann die Geschichte Eurer Beziehung – eigene Vision davon... Erzähle sie in buntesten und lebendigsten Farben, verwende sinnliche Vergleiche. Achte dabei darauf, ALLE seine Sinne anzusprechen:

Beschreibe die Schönheit der Dinge so lebendig, dass Dein Mann sie sich leicht vorstellen kann. Rede von Eurer Lieblingsmusik, um seine auditive Vorstellung anzusprechen. Wenn Du gerne singst, singe!!! Im Auto, unter der Dusche, beim Kochen und Nähen – überall, wo es möglich ist. Männer lieben es, Frauenstimmen zuzuhören! Und Dein Mann wird Dich dafür vergöttern. Schwärme von feinen Düften und herrlichem Geschmack, damit ihm das Wasser im Mund zusammenläuft ...

Wir Frauen, sind mit der Fähigkeit gesegnet, die Schönheit in Details sehen zu können. Männer können das nicht in dem Maße wie wir es tun. Nutze diese Fähigkeit! Dein Mann wird davon überrascht und fasziniert. Und er wird Dich mehr schätzen als je zuvor! Übe Dich darin, Deine Beschreibungen möglichst detailliert und emotional zu gestalten. Verwende viele Aphorismen und Metaphern.

Aber übertreibe nicht! Ähnlich wie Scheherazade, höre genau dann auf, wenn es gerade am spannendsten wird! Überlege bitte noch vorher, wie Du den Rückzug initiieren kannst. Vielleicht kann Deine Freundin Dich anrufen, vielleicht bist Du in einem spannenden Projekt in der Schule Deiner Kinder engagiert, vielleicht hast Du gerade ein neues Hobby für Dich entdeckt und gehst zu Yoga, Salsa, egal was – Hauptsache: Du hast einen aufregenden Termin und musst weg. Verabschiede Dich stets elegant, verspielt und unbedingt WARMHERZIG.

Bitte, denke immer daran:

Du bist eine geschickte Verführerin, die die Fähigkeit besitzt, das Herz Deines Mannes zu lesen, es zu verstehen und für alle Zeiten zu erobern. Gehe behutsam mit dieser Fähigkeit um!

ÜBUNG

SCHREIBE DEINE WUNDERBARE GESCHICHTE AUF

Ich möchte Dich zweierlei bitten:

Deine Geschichte in Deinem Tagebuch aufzuschreiben ist das Eine. Das wird Dir helfen, Struktur Deiner Vision zu definieren.

Das Andere ist aber die tägliche Kommunikation via WhatsApp & Co. Das sind Medien, die unser Leben prägen. Die Schnelligkeit der Kommunikation ist atemberaubend. Wenn man sich vor Augen führt, dass wir noch vor 20 Jahren Briefe geschrieben und dann noch Wochen auf Antworten gewartet haben. Nutze diesen Fortschritt für Deine Beziehung - schreibe darüber mit viel Spaß und Fantasie.

AUS DER FORSCHUNG

BEZIEHUNGEN HALTEN LÄNGER, WENN MAN ÜBER SIE SCHREIBT

Die Forschung an der *Universität von Texas in Austin USA* hat gezeigt, dass Beziehungen signifikant länger halten, wenn man über sie schreibt. Wenn Du schreibst, findest Du **schönere, gefühlvollere Wörter** für Deinen Partner und Deine Beziehung. Beim Schreiben hast Du **mehr Zeit, über die Beziehung nachzudenken**, als vergleichsweise beim Sprechen.

Allerdings würde es auch beim Sprechen nicht schaden, sich dafür Zeit zu nehmen. Gewöhne es Dir an, **langsamer und bedeutender zu sprechen**. Du wirst staunen, wie sehr sich Deine Kommunikation verbessern wird.

Wo liegt Dein Fokus?

„Das, wonach Du suchst, sucht Dich."
Rumi (Persischer Dichter und Sufi-Meister)

Versetze Dich in die Zeit zurück, als Deine Beziehung gerade anfing. Was hast Du damals von Dir und Deinem Partner gedacht? Wie hast Du Dir Deine Beziehung mit ihm vorgestellt? Wie hat es sich für Dich angefühlt?

Verliebte Menschen fokussieren sich auf positive Eigenschaften: sowohl die eigenen, als auch die des Partners.

Verliebte neigen dazu, ihre Zukunft in der Beziehung optimistisch zu sehen. Sie sind überzeugt, dass dieses Mal alles anders sein wird: harmonisch, liebevoll, respektvoll. Man sagt, dass die Verliebten alles durch eine „rosarote Brille" sehen. Sie sehen das Positive um sie herum und das Negative blenden sie aus.

Manchmal wird der Ausdruck „rosarote Brille" negativ besetzt. Es wird damit gemeint, dass Verliebte naiv und risikofreudig sind.

Lass die kritischen Stimmen reden! Hör nicht auf sie!

Das Phänomen der „rosaroten Brille" ist so universell und so alt wie die Welt selbst: Es kommt in jeder Kultur, zu allen Zeiten und bei jedem einzelnen Liebespaar vor.

Nichts in der Natur geschieht ohne Grund. Wenn ein Phänomen sich so hartnäckig hält, so universell und so global ist, dann kannst Du sicher sein, dass es von gewaltiger Bedeutung für uns Menschen ist…

Genieße die Zeit der „rosaroten Brille", so lange Du kannst.

FOKUSSIERE DICH AUF DEINE SCHÖNSTEN SEITEN!

Kannst Du Dich erinnern, wie Du damals – am Anfang Deiner Beziehung – warst:

- ❖ Welche Kleidung hast Du getragen?
- ❖ Wie hast Du Dich bewegt?
- ❖ Wie hast Du gelacht?
- ❖ Womit warst Du beschäftigt?

Du warst glücklich, nicht wahr?

Du hast damals **Freude und Selbstbewusstsein** ausgestrahlt, und wahrscheinlich genau deshalb hat sich Dein Partner in Dich verliebt.

Versetzte Dich immer wieder in die Situation von damals hinein. Denke öfter daran, was Du damals gesagt oder gedacht hattest. Was hat Dich damals fröhlich gemacht? Kann das Dich jetzt immer noch fröhlich machen? Je mehr Du Dich in **Dein Jüngeres Ich** hineinversetzt, desto ausgeglichener, fröhlicher, toleranter und liebevoller wirst Du und das sind Eigenschaften, ohne die keine Beziehung funktionieren kann.

Fokussiere Dich auf seine positiven Eigenschaften!

- Wie erweckt man Vertrauen?
- Indem man Vertrauen schenkt!

Du gibst einen Vorschuss an Vertrauen und sendest damit das Signal aus, dass man auch Dir vertrauen kann…

Für die Liebe gilt dasselbe. Menschen geben die Zuneigung an die Personen zurück, von denen sie glauben, dass diese sie mögen.

Dieses Gesetzt nennen die Psychologen „Reziprozität".

Denk darüber nach: Wie würdest Du einem Menschen gegenüber verhalten, von dem Du genau weißt, dass er Dich mag?

Und wie gegenüber einem Menschen, von dem Du ausgehst, dass er Dich nicht mag?

Leuchtet ein, oder?

Wenn Du Deine Beziehung wiederaufleben lassen willst, tritt einen Schritt zurück und überlege, warum Du Dich in diesen Menschen verliebt hast.

Welche seiner Eigenschaften haben Dich damals fasziniert?

Was machte ihn so besonders für Dich?

Verschiebe Deinen Fokus auf die Liebe zu ihm und warum er zu dem wichtigsten Menschen in Deinem Leben wurde.

Nimm den Helden in ihm wahr:

Bewundere ihn, würdige seine Initiative, Dir zu helfen und für Dich da zu sein, jedes Mal, wenn er sie zeigt.

Wie hättest Du damals – am Anfang der Beziehung – auf die kleinen Schwächen Deines Partners reagiert? Hast Du sie überhaupt bemerkt?

Konzentriere Dich auf seine Stärken – auf das, was er besonders gut kann. Wertschätze ihn dafür. Sage ihm oft und offen Komplimente über seine Stärken und wie glücklich Du mir ihm bist.

Durch die Verschiebung Deines Fokus auf das Positive in Dir und in Deinem Partner gewinnst Du an Leichtigkeit und Lebenslust, und schon bald wirst Du feststellen, dass Deine Beziehung wieder wunderschön ist.

Verliebe Dich in Deinen Partner Neu!

ÜBUNG

- ❖ Schreibe in Deinem Tagebuch auf, was Du an Dir toll findest
- ❖ Und auch was Du an Deinem Partner wertschätzt

Stelle Eure Ähnlichkeit in Mittelpunkt

Gleich und gleich gesellt sich gern...
Sprichwort

Selbst dreijährige Kinder zeigen größere Zuneigung ähnlich aussehenden Personen gegenüber. Kein Wunder! Menschen, die uns ähnlich sind, bestätigen uns darin, dass unsere Werte, Gefühle, Überzeugungen richtig sind.

AUS DER FORSCHUNG

LIEBE UND ÄHNLICHKEIT KORRELIEREN SICH

Eine Studie aus dem Jahr 1983 stellte die Ähnlichkeit der Paare in den Mittelpunkt. Die Teilnehmer, die eine enge Beziehung zu einander hatten, wurden aufgefordert, sich selbst und den Partner zu beschreiben.

Im Jahr 2002 - nach 19 Jahren! - wurden dieselben Teilnehmer wieder nach ihrem aktuellen Beziehungsstatus gefragt: ob sie

> noch in einer Beziehung zueinanderstehen und wenn nicht, wie lange die Beziehung gehalten hat.
>
> Sowohl Freundschaften als auch Liebesbeziehungen zwischen Menschen, die sich insbesondere in Sachen Überzeugungen, Einstellungen, Wertschätzungen ähnelten, hielten desto länger, je mehr Persönlichkeitsmerkmale sie teilten.
>
> Das funktionierte auch in umgekehrter Richtung: Je mehr ein Teilnehmer andere Person mochte, desto ähnlicher beschrieb er die Eigenschaften dieser Person. Er fokussierte sich also mehr auf die Gemeinsamkeiten als die Unterschiede.

ÜBUNG

MACHE DIR BEWUSST, WAS DICH UND DEINEN PARTNER VEREINT

- Gehe auf die Entdeckungsreise und mache Spaß daraus, **Ähnlichkeiten zu betonen**. Ist es Euch schon passiert, dass Ihr dasselbe gedacht habt? Habt Ihr einen Satz zur gleichen Zeit angefangen? Könntet Ihr den Satz des Anderen vervollständigen? Lache mit ihm zusammen und freue Dich darüber!
- Zieht Euch öfter **im Partnerlook** an.
- Überlegt Euch eine oder zwei gemeinsame Aktivitäten, die Euch gleichermaßen interessieren.

Stelle Eure Ähnlichkeit in Mittelpunkt

❖ Gewöhne es Dir an, auch **in seiner Abwesenheit über Eure Ähnlichkeit zu sprechen**. Das wird er spüren!

Um ehrlich zu sein habe ich keine Erklärung dafür: Ich weiß schlicht und einfach nicht, wie und warum das funktioniert. Ich weiß aber, dass es funktioniert. Ähnlichkeiten auf Entfernung zu betonen erzeugt sogar mehr Nähe, als über Ähnlichkeiten in seiner Anwesenheit zu sprechen. Und weil das so erstaunlich und unerklärlich ist, fühlt es sich wie eine höhere Verbindung an - auf der Ebene der Spiritualität. Wie eine Übermacht, eine Bestimmung, ein Schicksal ...

Diese einmalige Verbindung wird ihm und Dir das Gefühl geben, Ihr wäret seelenverwandt... Und ganz ehrlich? Das seid Ihr dann auch...

Gestalte Deine Umgebung beziehungsfreundlich: Dein Haus – Deine Wohlfühloase

„Viele können ein Haus einrichten; aber nur wenige verstehen die Kunst ein Zuhause zu kreieren."
Unbekannt

Einmal bin ich auf folgende Männeranzeige gestoßen: „Suche eine Partnerin: feminin, selbstbewusst, intelligent, gut organisiert, mit Tiefgang und Niveau und **einem Sinn für ein schönes Zuhause**…"

Wow! Erstaunlich ist nicht der Fakt, dass dieser Mann sich das wünscht. Das tun die aller, aller, allermeisten Männer. Erstaunlich ist, dass er den Mut aufbringen konnte in unserer Gesellschaft voller emanzipierter Frauen das auch noch auszusprechen…

Ich möchte nicht falsch verstanden werden: Ich bin nicht gegen Emanzipation. Ich finde es gut, dass wir studieren und Karriere machen können und ich finde es wunderbar, dass wir niemanden zu fragen haben, was wir zu tun und zu lassen und wie wir unser Leben zu gestalten haben.

Die Stärken einer Frau sind nicht dieselben eines Mannes. Unsere Stärken sind die Fähigkeit, eine Gemeinschaft um uns herum zu bilden, unsere Art zu kommunizieren, unsere Verbindlichkeit, Empathie und Mitgefühl.

Der Ausruf nach Gleichheit zwischen Mann und Frau hat als Konsequenz viele Frauen geschaffen, die mehr männliche als weibliche Attribute in sich haben, die ihre Weiblichkeit schlicht und einfach vernachlässigen. Und das ist schade darum.

Meine liebe Leserin, lass Dir Deine Stärken nicht nehmen. Sei warmherzig, tolerant, humorvoll und hilfsbereit. Kümmere Dich um die Menschen in Deiner Umgebung, sei ein Vorbild in Sachen Liebe und Verbindung.

Konkurriere nicht mit Deinem Partner – besser vervollständige ihn und nutze die Stärken von beiden. Und genau diese Eigenschaften machen Dich erfolgreich – viel erfolgreicher, als Du je erträumt hast...

...Ich möchte mich an dieser Stelle für die Rolle der Frau als der Hüterin des Hauses einsetzen.

Ich glaube nämlich, dass diese Rolle nicht ausreichend oft gewürdigt wird.

Sagen und Legenden stellen Frauen als Hüterinnen des Hauses, des Feuers, des Friedens dar. Der Archetyp einer Hüterin besingt eine starke Frau, die sich um das Wohl der Familie, des Stammes oder der Sippe kümmert, Arbeitsteilung organisiert, die Gefahren vorsieht und, wenn möglich, abwendet. Meistens ist sie die Frau des Oberhaupts, des Häuptlings oder des Königs. Sie ist wunderbar weiblich und erfüllt eine Vorbildfunktion.

Wie bringst Du Deine Liebe zum Ausdruck? Sich um das schöne Zuhause zu kümmern, sehen viele Frauen nach wie vor als die Möglichkeit ihre Liebe zu zeigen.

Eine Frau, die sich durch die Fähigkeit auszeichnet, jedem Detail in ihrer Umgebung – dem Haus, dem Garten, den Haustieren, den Pflanzen – ihre Aufmerksamkeit, Fürsorge und Zärtlichkeit zu schenken, übt eine unglaubliche Anziehungskraft aus. Sie ist eine wahre Königin in ihrem Königreich.

Aus der Forschung

Was Pawlowsche Hunde mit Deinem Zuhause zu tun haben

Sicherlich ist Dir klassische Konditionierung ein Begriff:

Der russische *Physiologe Iwan Pawlow* stellte einmal fest, dass Hunde, die eine Zeit lang, während sie gefüttert wurden, eine

Glocke hörten, bald schon anfingen zu speicheln, auch wenn sie allein die Glocke hörten, ohne dass das Futter gebracht wurde.

Diese Entdeckung, für die der Forscher übrigens im Jahre 1904 den Nobelpreis erhielt, hatte in der Wissenschaft weitreichende Konsequenzen. Durch das Phänomen der klassischen Konditionierung werden auch in der Gegenwart erstaunliche Fakten erklärt.

Der *Forscher Shepard Siegel* hat beispielsweise eine Beobachtung gemacht, dass manche Drogenabhängigen an einer so genannten „Überdosis" starben, obwohl sie nur die Hälfte der üblichen Dosis gespritzt hatten. Das geschah jedoch immer dann, wenn sie dies nicht in ihrer gewohnten Umgebung taten, sondern unterwegs waren.

Der Forscher entwickelte eine Hypothese, dass der Körper eines Drogenabhängigen sich zu schützen lernt, indem er eine Toleranz gegenüber einem Opiat entwickelt. Die Toleranz wirkt aber nur in der gewohnten Umgebung. In der fremden Umgebung schaltet sich der Schutzmechanismus einfach nicht an.

Um diese Hypothese zu überprüfen, führte Siegel ein Laborexperiment an Ratten durch:

Er nahm zwei Gruppen von Ratten und wies ihnen unterschiedliche Räumlichkeiten zu. Eine Gruppe bekam Heroin

> gespritzt, andere Zuckerlösung. Nachdem der Forscher sah, dass die Ratten Drogentoleranz herausgebildet haben, spritzte er doppelte Dosis den drogenabhängigen Ratten. Die Hälfte von ihnen ließ er in der gewohnten Umgebung bleiben, die andere Hälfte „übersiedelte" er zu den Zuckerratten.
>
> In dem Käfig mit Zuckerratten starben doppelt so viele Drogenratten an Überdosis – nämlich 64% gegenüber 34% in der gewohnten Umgebung.

Warum erzähle ich Dir in einem Buch über Partnerschaft über Hunde und Ratten?

Ganz einfach:

Viele Frauen hatten schon seit der Steinzeit die Fähigkeit, klassische Konditionierung für die Partnerschaft und die Familie unbewusst zu nutzen.

Zu allen Zeiten in der Geschichte waren Männer oft unterwegs – auf einer Jagd, in einem Krieg, auf einer Handelsreise, nur um einige Beispiele zu nennen. Frauen in dieser Zeit blieben meist zu Hause und hüteten Kinder und ältere Familienangehörige. Es war nicht einfach für unsere weiblichen Vorfahren ohne männlichen Schutz und Fürsorge zu überleben. Wie stellten sie also sicher, dass der Held nach seiner Heldenreise immer nach Hause kam und sich um seine Frau und seine Kinder kümmerte?

Gestalte Deine Umgebung beziehungsfreundlich: Dein Haus – Deine Wohlfühloase

Ein liebevoll eingerichtetes Zuhause war einer der machtvollen Anker, um die Sehnsucht nach der vertrauten Umgebung auszulösen.

Unser tiefes unbewusstes Bedürfnis, das eigene Zuhause gemütlich und liebevoll zu gestalten, zieht ihre Wurzeln aus dieser alten Zeit. Aus der Sicht der Evolution haben nur die Frauen überlebt, die mit ihrem Sinn für Schönheit und Ästhetik verstanden haben, ihr Zuhause in eine Wohlfühloase zu verwandeln.

Selbst, wenn Dein Mann gerade eine schwierige Zeit erlebt, an sich zweifelt, vielleicht sogar die Familie verlässt, wird er sich nach dem Zuhause sehnen, das Du irgendwann für Euch eingerichtet hast.

ÜBUNG

GESTALTE DEINE WOHLFÜHLOASE

Falls Du es nicht bereits tust, ist es jetzt höchste Zeit Dich mit Deinem Zuhause auseinander zu setzen. Zeige Dein Interesse am Thema **Innendesign.** Wenn Du in einer neuen Umgebung bist, achte auf die schönen Details, die Du magst und vielleicht in Deinem Zuhause verwenden möchtest.

Gestalte gemütliche Ecken - zum Lesen, Kuscheln, gemeinsamen Kaffee...

Lasse hin und wieder **schöne Musik** leise im Hintergrund laufen.

Achte auf gute Düfte! Oft vergessen wir, wie wichtig unser Geruchssinn ist. Dabei kann ein bestimmter Raum Duft ebenfalls zu einem extrem starken Anker der klassischen Konditionierung werden. (Mehr davon im Kapitel „Der verführerische Duft".) Suche Dir nur EINEN Duft aus. Jedes Mal, wenn Du den Raum betreten wirst, wird dieser Geruch in Dir das Gefühl auslösen „angekommen" zu sein: Ich bin zu Hause – wie schön! …Genau so wird es Deinem Mann und jedem anderen Familienmitglied gehen.

Eine erotische Geheimecke mit all dem Spielzeug für Euch zwei, die schon beim Betreten Gedanken in eine bestimmte Richtung lenken würde, wäre wunderbar! ☺

Über Wünsche und Erwartungen

Jede Bitte weist der Liebe den Weg, aber jede Forderung bringt sie zum Erliegen.
Gary Chapman

Männer können tatsächlich keine Gedanken lesen.

Wenn Du also immer noch darauf wartest, dass Dein Partner Deine Wünsche errät, läufst Du die Gefahr, erstens, enttäuscht zu werden, weil er Deinen Wunsch einfach nicht verstehen kann; zweitens, zu viel Zeit zu verlieren, denn nach einiger Zeit ist Dein Wunsch einfach nicht mehr sinnvoll und macht keinen Spaß; und drittens, Frustration zu erleben, denn das Missverständnis zwischen Dir und Deinem Partner nicht gelöst ist.

Ich möchte Dir stattdessen eine sinnvollere Strategie vorschlagen.

1. Wenn Du von Deinem Mann etwas willst, **frage einfach danach**. Sag, wie sehr Du Dich über Geschenk oder Aufmerksamkeit freuen würdest. Beschreibe, wofür Du es brauchst und wie Du es nutzen würdest. **Denke daran:**

Männer kaufen nicht, sie investieren. Dein Mann muss also diesen Kauf als eine Investition in Eure Beziehung begreifen. Das Gute daran ist, dass das absolut der Wahrheit entspricht: Die Freude, die er Dir schenken würde, wäre unbezahlbar. Das Geschenk wäre ein kleiner Baustein in dem Gebilde Eurer Beziehung, ein magischer Moment in Eurer Love-Story.

2. Gehe mit gutem Vorbild voran und **achte auf seine Wünsche**. Der Erfolgstrainer Tony Robbins wiederholt in seinen Seminaren zu Beziehungen immer wieder, dass es eine Art Naturgesetz ist: Liebende Menschen ziehen Liebe magisch an. Strahle also Liebe und Zuwendung aus, verwöhne hin und wieder Deinen Mann mit einem Lächeln, sage ihm hin und wieder ehrlich gemeinte Komplimente und wie glücklich Du Dich mit ihm fühlst.

Ich habe Ehepaare beobachtet, die seit mindestens 20 Jahren miteinander glücklich sind. Das erste, was mir aufgefallen ist: Sie lächeln sich gegenseitig an.

Gewöhne es Dir an, die Konversation mit Deinem Mann – nein, noch besser: Alle Deine Konversationen generell – mit einem Lächeln anzufangen und zu beenden. Dein Lächeln am Anfang erzeugt Vertrauen, Dein Lächeln am Ende des Gesprächs erzeugt Sehnsucht nach mehr.

3. Es kann unter Umständen passieren, dass Du einen Wunsch äußerst und er trotzdem nicht erwidert wird. Die Sache ist die: **Dein Partner hat ein Recht darauf Deine Wünsche auch nicht zu erfüllen.** Und das hat überhaupt nichts, wirklich gar nichts mit Dir oder Eurer Beziehung zu tun. Die Gründe dafür können vielfältig sein: Vielleicht war er in seiner Vergangenheit ausgenutzt worden und möchte jetzt auf Nummer sicher gehen, damit das nicht wieder passiert; vielleicht steht Dein Wunsch in Widerspruch mit einem seiner Werte; vielleicht freut er sich gerade, dass er einen Deiner Wünsche kennt, und wartet einfach auf die passende Gelegenheit, um ihn Dir zu erfüllen... Vermassele ihm die Vorfreude nicht, indem Du Dich beleidigt zurück ziehst, nur weil Dein Wunsch Dir nicht unmittelbar erfüllt wurde.

Der *Psychologe und der Erfinder der „Gewaltfreien Kommunikation" Dr. Marshall B. Rosenberg* warnte mit Nachdruck davor, eigene Wünsche durchzusetzen. Er fragte immer nach Intention: Wurde eine Gabe aus falscher Intention gemacht - dem

Gefühl der Pflicht oder Angst, zum Beispiel – zahlen beide einen hohen Preis dafür.

Die Freude des Schenkens und des dankbaren Erhaltens – meint der Autor – ist ein natürliches Bedürfnis der Menschen. Wenn Menschen Geschenke aus falschen Gründen machen, bleibt dieses Bedürfnis unerfüllt.

Abbildung 2 Dr. Marshall B. Rosenberg

Frage also IMMER nach Intention. Männer lieben es Geschenke zu machen. Aber sie sorgen um die besondere Frau an ihrer Seite nur dann, wenn sie sich stark und geliebt fühlen und wenn diese Frau ihre Initiative wertgeschätzt und dankbar ist. Lasse also Deinen Mann fühlen, dass er Nummer Eins für Dich ist.

4. **Strahle Dankbarkeit aus:** Unabhängig davon, wie Deine Situation gerade ist, wirst Du immer Menschen auf diesem Planeten finden, die es schwieriger hatten und trotzdem mehr erreichten als Du. Wie schafften sie das? Durch ihre Einstellung. Eine dankbare Einstellung Deinem Leben und Deinem Partner gegenüber beeinflusst Deine Entscheidungen und die Entscheidungen Deines Partners. Und Eure gemeinsamen Entscheidungen beeinflussen Eure gemeinsame Zukunft.

ÜBUNG

NOCH EINMAL DANKBARKEIT

- Schreibe 10 Dinge in Deinem Leben auf, für die Du in Bezug auf Deine Beziehung, dankbar bist.

- Schreibe die Begründung, warum diese Dinge Dich glücklich machen.

Verliebe Dich in Deinen Partner Neu!

Teil 2: Alles, was Dich unwiderstehlich macht

*"How shall I sum up my life?
I think I've been particularly lucky."*
Audrey Hepburn

Gepflegtheit

"What you do, the way you think, makes you beautiful."
Scott Westerfeld

Männer suchen in erster Linie gepflegte Frauen.

Wenn ein Mann Dir ein Kompliment macht, dass Du schön bist, dann meint er auch höchst wahrscheinlich, dass er Dich gepflegt findet. Das kann man auch gut nachvollziehen: Eine Frau, die viel Zeit und Aufwand in die Pflege ihres Körpers steckt, strahlt ein hohes Selbstwertgefühl und eine höhere Zufriedenheit aus.

Jeder Mann wird Dich genau so behandeln, wie Du Dich selbst behandelst.

Mit Deinem Aussehen machst Du Deinem Auserwählten also klar, dass Du nur den allerbesten Mann verdienst – also ihn!

Darum investiere ruhig Zeit und Geld in Deine Körperpflege. Kreiere eine kleine Wellness-Oase in Deinem Badezimmer, mit all den Pflege- und Kosmetikprodukten, wohlriechenden Ölen und Massagegeräten. Dein Mann wird fasziniert von Deiner „Alchemie-Werkstatt". Und alles, was Fantasie anregt, ist sowieso gut für Eure Beziehung.

Ein Tipp:

Vergesse nicht bei Deiner Körperpflege **die Ellbogen und die Fersen einzucremen.** Insbesondere erfahrene Männer achten darauf und machen unbemerkt einen „Gepflegtheitstest", in dem sie Dich an einem Ellbogen berühren. Ist Dein Ellbogen trocken und kratzig, wird der Urteil nicht zu Deinen Gunsten ausfallen.

Die Fersen muss man nicht einmal berühren. Die Risse und die trockene Haut springen ins Auge, sobald Du Sandalen anziehst, und verraten, wie viele Kilometer Du in Deinem Leben gelaufen bist und damit Dein Alter.

Kleider machen Leute

Ich erzähle Dir eine Geschichte. Sie entstammt der Novelle „Kleider machen Leute" (1874) von Gottfried Keller.

Was mich persönlich am meisten an dieser Erzählung fasziniert, ist die Tatsache, dass der Erfolg in der Geschichte – wie so oft auch im richtigen Leben – sowohl auf die positiven Charaktereigenschaften des Helden, als auch auf seine Selbstinszenierung, sein äußeres Bild, kurzum sein Image, zurückzuführen ist.

Abbildung 3 Gottfried Keller, Pastell von Ludmilla Assing. Von Kellers Hand darunter: „Zeit bringt Rosen, den 2. Mai 1854"

Überzeuge Dich selbst! Hier ist eine kurze Zusammenfassung:

> Es war einmal ein Schneidergeselle. Er sah gut aus und war ehrlich und klug. Seine Mutter hat dem Jungen von klein auf gute Manieren gelehrt; durch seinen Beruf wusste der Schneider über den eleganten Kleidungsstil; und durch seinen Militärdienst als Husar erhielt er seine aufrechte und selbstsichere Körperhaltung. Menschen, die den Schneider kannten, mochten seinen angenehmen und aufrichtigen Charakter.

Wie ein Zufall so wollte, gelangte der Schneider eines Tages in eine fremde Stadt und wurde dort aus Versehen für einen polnischen Grafen - seinen Namensvetter - gehalten. Die Verwechslung war dem jungen Mann ausgesprochen unangenehm, aber er traute sich nicht diese aufzuklären und beschloss einfach zu fliehen.

Gerade als der junge Mann sich heimlich auf den Weg machen wollte, begegnete er sich einer wunderschönen jungen Frau. Von der Schönheit und Klugheit der Dame beeindruckt, spielte der arme Schneider die ihm aufgedrängte Rolle weiter. Und schon bald verlobte sich das Paar.

Es kam, wie es kommen musste. Auf einer Gesellschaftsfeier wurde der Schneider endlich enttarnt. Verzweifelt floh er, in seiner Scham bereit zu sterben. Doch seine Braut fand ihn, stellte zur Rede und fand heraus, dass seine Intention gut und richtig und seine Liebe zu ihr echt war.

Die junge Dame bewies Weisheit und Mut und rettete Ihren Bräutigam. Sie heiratete den Schneider trotz der Meinung ihres Vaters. Das Paar lebte glücklich zusammen und gründete mit dem Vermögen der Frau ein Atelier. Fleiß und Kreativität zahlten sich aus und schon bald konnte die Familie den Wohlstand und das Ansehen in der Stadt genießen.

Ob man es glaubt oder nicht: Kleider machen Leute.

Hast Du Dich schon gefragt, wem eigentlich Dein Outfit gefallen sollte? Ziehst Du Dich an, um der allgemeinen Konformität zu entsprechen oder um Blicke der Männer auf sich zu ziehen? Es spielt fast gar keine Rolle, was Deine Waage sagt, und wie weit Dein Body Maß Index von denen der Models abweicht. Um die gewünschte Reaktion zu erreichen, befolgst Du bitte nur eine einzige Regel:

Ziehe Dich so an, dass Dein Auserwählter Lust bekommt Dich wieder auszuziehen.

…Gut, so einfach ist das doch nicht. Darum hier noch ein paar Nebenregeln:

Dein Ziel ist zu erreichen, dass sein Blick an Deinem Körper entlang gleiten kann. Sobald sein Blick Dich vertikal „abmisst", wacht in ihm der Jägerinstinkt auf und er sieht in Dir eine wertvolle Trophäe, die es zu gewinnen gilt. **Besonders taillierte unifarbige Kleider** sind gut dafür geeignet. Aber auch Kleider, die nur wenige Akzente setzen.

Achte auf den Ausschnitt. Es gibt nichts Weiblicheres als ein (auch wenn minimaler) Ausschnitt: Er regt Phantasie an, zeigt Deine Grazie und Verletzlichkeit. **Der Hals einer Frau** ist überhaupt eines der sexappealsten Körperteile. Nutze die Gelegenheit (zum Beispiel, beim Lachen oder beim Essen, um zu zeigen, wie sehr Du es genießt) Deinen Kopf hoch zu heben und den Hals zu zeigen. **Diese Geste ist eine der gefährlichsten Deiner Waffen.** Dadurch zeigst Du Deine Verletzlichkeit, das

Vertrauen dem Mann gegenüber und Du weckst in ihm Fürsorger- und Beschützerinstinkt. Männer sind fasziniert von dieser Geste.

Wenn es irgend möglich ist, **trage Highheels**. Deine Figur wirkt dadurch schlanker, Deine Körperhaltung aufrechter und selbstsicherer, und der Gang fliegender und graziöser. Die Psychologen haben herausgefunden, dass Männer eine 7:10 Proportion zwischen Taille und Hüfte am erotischsten finden. Wenn Du Highheels trägst, nimmt Dein Körper automatisch die Stellung ein, bei der Du dieser Proportion am nächsten kommst. Außerdem verlängern sich Deine Beine plötzlich bis in die Unendlichkeit. Alles das sind jedoch nur „technische" Vorteile, die Highheels mit sich bringen. Der wirklich und wahrlich wichtigste Haupteffekt ist, dass Du, während Du Highheels trägst, **Dich wie eine Königin fühlst**: Du bist höher, attraktiver, graziöser. Du stahlst Sexappeal regelrecht aus. Gönne Dir dieses Gefühl so oft wie nur möglich.

ÜBUNG

- ❖ Überlege Dir einen neuen Style. Untersuche Deine Garderobe und **finde weibliche, romantische, elegante Kleidungsstücke**. Was fehlt noch? Welche neuen Kombinationen hast Du für Dich eventuell entdeckt?

- Gehe shoppen (auch ohne etwas gekauft zu haben), lächele Deinem Spiegelbild (und natürlich anderen Menschen auch) zu, fühle Dich attraktiv und begehrenswert und am allerwichtigsten: **Genieße Deine Weiblichkeit!!!**
- Notiere Deine Erfahrungen, Gefühle, Gedanken in Deinem Tagebuch.

Verliebe Dich in Deinen Partner Neu!

Elegantes Make-up

Aus der Forschung

Wie viel Make-up ist attraktiv?

Es gab in der psychologischen Forschung mehrere Versuche herauszufinden, wie viel Make-up als attraktiv wahrgenommen wird. In einer Studie, zum Beispiel, haben die Psychologen experimental herausgefunden, dass sowohl Männer als auch Frauen am schönsten Frauengesichter mit **relativ wenig Make-up finden**: Ein wenig Tönung und etwas betonte Augen und Lippen.

Allerdings betraf das nur **Life Kommunikation**. Auf den **Fotos** wurden die Frauen als attraktiver wahrgenommen, die **mehr Make-up** trugen.

Eine andere Studie beschäftige sich mit der **Wirkung der Frauen mit rot geschminkten Lippen auf Männer.**

Die Frauen wurden in zwei Gruppen aufgeteilt: Geschminkt und ungeschminkt. Dabei wurde die Zeit festgehalten, die verstrich, bis die Frauen in einer Bar angesprochen wurden.

© 2018 Life Culture Publishing

> Das Ergebnis zeigte, dass die Frauen mit rot geschminkten Lippen **wesentlich schneller und doppelt so oft** angesprochen wurden als ungeschminkte Frauen. Es hat sich auch gezeigt, dass die Bedienungen mit rot geschminkten Lippen wesentlich **mehr Trinkgeld** bekamen.

ÜBUNG

Experimentiere mit Deinem Make-up

- Finde heraus, mit welchem Make-up zu welchem Anlass Du Dich wohl und komfortabel fühlst.

Wichtig!

- **Wenn Du ein Make-up aufträgst, muss es makellos sitzen**: Keine verschmierten Augen, keine Tönungsreste auf den Augenbrauen und kein Lippenstift auf den Zähnen!

Dein Make-up ist genauso wichtig wie Deine Visitenkarte.

Es zeugt von Deinem Status, Deinem Gefühl für Ordnung, Schönheit und Qualität sowie von **Deiner Selbstachtung.**

Verliebe Dich in Deinen Partner Neu!

Magie des Blicks: Warum Augen tatsächlich der Spiegel der Seele sind

Kannst Du das noch erinnern?

…Du sitzt frisch verliebt mit Deinem Partner zusammen. Ihr hält Händchen, erzählt Geschichten aus Eurem Leben, lacht… und schaut Euch in die Augen…

Wann hat das aufgehört? Warum? Wie kommt es dazu, dass das „In-die-Augen-schauen" irgendwann mal vergessen wurde, in der Routine des Alltags einfach ausblieb?

Dabei ist diese Geste eine der ältesten Kommunikationsarten und mitunter der wichtigsten für unsere soziale Entwicklung.

AUS DER FORSCHUNG

DER BLICKKONTAKT

Der Blickkontakt entstand aus unserer evolutionären Entwicklung. Menschen – wie hoch entwickelte Primaten – nutzen Blickkontakt, **um ihre Gefühle zu zeigen und Botschaften zu übermitteln.** Für die

---

© 2018 Life Culture Publishing

Magie des Blicks: Warum Augen tatsächlich der Spiegel der Seele sind

Persönlichkeitsentwicklung eines Menschen ist der Blickkontakt von entscheidender Bedeutung.

Stelle Dir Folgendes vor: Im Kinderwagen vor Dir liegt ein Baby. Du beugst Dich zu ihm vor, das Baby schaut Dir in die Augen und plötzlich... lächelt es Dich an...

Wie fühlt es sich für Dich an? Schön, nicht wahr? In der Psychologie stellt dieses Lächeln einen Meilenstein der sozialen Entwicklung dar. Und die Wirkung ändert sich im Verlauf des Lebens nicht:

Ein Lächeln gepaart mit Blickkontakt zeugt von Deinen besten Absichten und der Bereitschaft zu kommunizieren.

AUS DER FORSCHUNG

DIE DAUER DES BLICKKONTAKTS

Zu der Dauer des Blicks wurden Studien durchgeführt, die gezeigt haben, dass zu kurze Dauer des Blickkontakts oft nicht wahrgenommen wird, aber zu lange - etwa länger als 7 Sekunden lang - das Unbehagen auslösen kann.

> Die Dauer von 3 bis 6 Sekunden hat sich daher als die angenehmste sowohl für den Sender als auch für Empfänger des Blicks herausgestellt.

ÜBUNG

- ❖ Gewöhne es Dir an, einen Blickkontakt zu Deinem Partner herzustellen, **mindestens 10 Mal am Tag**
- ❖ Zu einem gelungenen Blickkontakt müssen drei Sachen zusammenkommen:
  - ✓ Erstens, die Dauer des Blicks muss **3 bis 6 Sekunden** lang sein
  - ✓ Zweitens, auf Deinen Lippen erscheint **ein Anzeichen eines Lächelns**
  - ✓ Und drittens, Du bist in einem **Zustand voller Sympathie, Wärme, Gelassenheit und Freundlichkeit**

Blickkontakt und Lächeln

„Die schönste Kurve einer Frau ist ihr Lächeln."
Petra Fürst

Das Lächeln ist unwahrscheinlich wichtig.

Babys machen das intuitiv: Augenkontakt in Verbindung mit einem breiten Grinsen – und schon schmelzen die Herzen um sie herum. Das ist ihre – Babys' – Strategie. In Deinem Fall wird diese Strategie dann wirken, wenn Du Dich in eine bestimmte Rolle schlüpfst – die Rolle eines verspielten Mädchens.

Wenn es Dir aber darum geht, als geheimnisvolle Verführerin aufzutreten, lächelst Du nur in Ansatz.

Indem du **nur in Ansatz lächelst**, sendest Du ein Signal aus, das Männer irritiert und anzieht zur gleichen Zeit.

Dieses geheimnisvolle Lächeln ist noch kein Versprechen, es ist nur eine Einladung zum Spiel.

„Ich finde Dich interessant," sagst Du mit solchem Lächeln.

Dein Zustand

Das Wichtigste für den gelungenen Augenkontakt ist Dein Zustand.

Warum sagt man, dass die Augen der Spiegel der Seele sind? Weil man aus Augen eine Menge Information über die Person ablesen kann.

Es wurden in Bezug auf Augenkontakt einige erstaunliche Fakten festgestellt, nämlich:

- Es ist möglich, aus den Augen abzulesen, in welchem Zustand sich die Person gerade befindet. Dabei wird vor allem Fitness gecheckt: Ist diese Person eine Bereicherung für meinen emotionalen Zustand oder eine Belastung?
- Durch die Augen kann man die Verbindung zur Person herstellen.
- Durch die Augen kann man sich sogar in die Person hineinversetzten und persönlich nachfühlen, wie es der Person gerade geht.

Der innere Zustand ist ansteckend: Das berühmteste und offensichtlichste Beispiel ist das Gähnen. Aber auch gute Laune und das Lachen sind genauso ansteckend. Und leider eine Depression.

Magie des Blicks: Warum Augen tatsächlich der Spiegel der Seele sind

Achte IMMER auf die emotionale Gesundheit der Umgebung, in der Du lebst.

Verbreite so viel gute Laune wie Du nur kannst. Lade positive Menschen in Dein Leben ein und schließe negative einfach aus.

Wenn man also in die Augen einer Person sieht, fühlt man (bewusst oder unbewusst), ob man die Person anziehend findet, ob man länger die Zeit mit ihr verbringen möchte. Man prüft also, ob die gemeinsame „Chemie stimmt".

Was bedeutet Das für Dich?

Wenn Du in Dir ruhst und Freundlichkeit und Wärme ausstrahlst, danach die Augen hebst und ganz plötzlich Deinem Mann liebevoll und tief in die Augen blickst und ihm daraufhin ein geheimnisvolles Lächeln schenkst... Was meinst Du: Welche Reaktion wäre dabei zu erwarten?

Dein Mann wird schwitzen und zittern und nicht wissen, warum ihm plötzlich das Herz im Hals stecken geblieben ist und Schmetterlinge im Bauch flattern...

So wichtig und mächtig ist Dein Zustand.

Wie erzeugst Du in Dir also diesen wunderbaren Zustand?

Du erzeugst ihn mithilfe Deiner Gedanken...

Erinnerst Du Dich noch, was wir über Fokussieren gelernt haben? Genau das tust Du jetzt:

Fokussiere Dich auf Euch als Paar. Nimm wahr, wie gut ihr zusammenpasst.

Denke über die besten und positivsten Seiten Deines Mannes: Denke wie stark er ist, wie klug, wie zärtlich und hilfsbereit; nehme in ihm einen Ritter, einen Helden, ja einen König wahr. Du wirst erstaunt sein, welch eine Reaktion Du in ihm dadurch auslösen wirst. Denke auch, wie sehr ihr zusammenpasst und wie sehr Ihr Euch gegenseitig bereichert.

Sage Robbins, die Frau von Tony Robbins, erzählt in ihren Interviews: „Ich bin geboren, um diesen Mann (Tony Robbins) zu lieben."

Ich höre schon Einwände, dass dies ja alles ein Showgeschäft ist und nicht unbedingt der Wahrheit entsprechen muss. Das stimmt! Das ist ein Showgeschäft und das muss nicht der Wahrheit entsprechen.

Aber genauso stimmt, dass dies DIE Geschichte ist, die diese Frau erzählt und kultiviert. Und es scheint ihrer Beziehung gut zu tun.

Überleg Dir: Welche Beziehung hätte höhere Chancen eine glückliche Beziehung zu werden – mit oder ohne eine solche Geschichte?

Magie des Blicks: Warum Augen tatsächlich der Spiegel der Seele sind

Wenn Du Deinem Mann in die Augen blickst, stelle Dir Euch als Paar vor – zu einer Einheit gebunden, glücklich und vollständig.

…Wenn ich meinen Partner ansehe oder an ihn in seiner Abwesenheit denke, dann stelle ich mir oft eine Zeitlinie vor: Eine richtig lange, unendlich lange Zeitlinie in die Zukunft, eine ganze Straße breit, auf der wir gehen und uns richtig gut fühlen: Sicher, aufgehoben und glücklich. Wir schreiten Hand in Hand zusammen und genießen jeden Schritt und jede Berührung. Wie schielen zu einander rüber und lächeln vor sich hin… Manchmal rennen wir und hüpfen und lachen und albern herum. Manchmal bleiben wir stehen und sehen uns gegenseitig zärtlich an… schauen in die Augen…und lächeln… Und irgendwann, nach vielen, vielen Schritten sehen wir beide ganz alt aus: Voller Falten und mit grauen Haaren. Aber immer noch schauen wir uns liebevoll in die Augen und gehen mit kleinen Schritten Hand in Hand…

Glaubst Du an diesen Traum? Ich bin überzeugt, dass es genau so werden wird!

Soll ich Dir ein Geheimnis verraten?

Ich habe ein seltsames Hobby: Ich sammle ältere Ehepaare.

Das heißt, natürlich, nicht die Ehepaare selbst, sondern die Eindrücke, die sie bei mir hinterlassen. Ich bin ständig auf der Suche nach Ehepaaren, die seit mehreren Jahren zusammen glücklich sind. Ich spreche sie an und frage nach ihrem Geheimnis für glückliche Ehe. Und pflichtbewusst wie diese Generation der Senioren nun mal ist, fangen sie an mir etwas über die Pflichten und die Ehre zu erzählen, bis ich auf ihre Hände deute und frage: „Aber jetzt hat Sie doch gerade niemand verpflichtet Händchen zu halten, nicht wahr?"

Magie des Blicks: Warum Augen tatsächlich der Spiegel der Seele sind

...Und dann lächeln sie verschmilzt mich an und verstummen wie auf der frischen Tat ertappt... Und ich verabschiede mich und gehe weiter... Und ich denke: „Wie süß!" und „Das will ich auch!"

...Ich will auch in 50 Jahren so Hand in Hand mit meinem Mann durch die Straßen schlendern, die Schaufenster anschauen, Pläne schmieden, Händchen halten und... in die Augen schauen...

Non-verbales Verhalten

*„Die Schönheit bleibt im Kerker wie auf dem Thron
doch ewig Königin."*
Ernst Benjamin Salomo Raupach

Die Kommunikation geschieht auf mehreren Kanälen: Blick, Kleidung, Haltung, Gesichtsausdruck, Gestik und Mimik, Sprechgeschwindigkeit und Stimmqualität, Distanzverhalten, Bewegungen, Dialekt.

Der erste Eindruck, zum Beispiel, wird zu 95% von non-verbalen Signalen bestimmt und nur zu 5% Prozent von dem Inhalt der Sprache. In weniger als einer Sekunde schätzen wir eine Person aufgrund der non-verbalen Signale ein.

Da die non-verbalen Signale oft unbewusst und schwer zu kontrollieren sind, verraten sie wirkliche Gefühle und Emotionen der Menschen. Gerade deshalb ist es so wichtig, auf die Körpersprache zu achten.

Wie kannst Du Deine Körpersprache so nutzen, dass der erste Eindruck immer zu Deinen Gunsten ausfällt?

Dein Lächeln

Über das Lächeln kann man nicht oft genug sprechen. An dieser Stelle noch Mal:

Gewöhne es Dir an zu lächeln so oft Du kannst!

Ein Lächeln mit leicht gehobenen Mundwinkeln reicht völlig aus. Du siehst dabei freundlich und ein wenig verspielt aus. Dein Lächeln ist eine Einladung zur Kommunikation. Die Menschen fühlen sich in Deiner Umgebung sicher und geborgen. Du strahlst Wärme und Mitgefühl aus.

Achte auf Dein Gesichtsausdruck

> ### Aus der Forschung
>
> **Warum es eine gute Idee ist, gute Miene zu machen – egal zu welchem Spiel**
>
> Aus den Gesichtszügen der Menschen kann man hauptsächlich sieben grundlegende Emotionen ablesen: Freude, Angst, Furcht, Ärger, Ekel, Trauer, Überraschung und Abscheu.
>
> Paul Eckman, der führende Forscher auf diesem Gebiet, hat sogar nachweisen können, dass die Gesichtsausdrücke universell für alle menschliche Spezies und angeboren sind.
>
> Alle diese Emotionen gibt es selten in reiner Form, öfter aber als eine Mischung wie zum Beispiel, Überraschung in Verbindung mit Angst.
>
> Lange dachte man, dass die Emotionen der Reaktion vorangehen. Die Phrasen wie: „Ich zittere, weil ich Angst habe", „Ich lache vor Freude", „Ich weine, weil ich traurig bin" implizieren die Reihenfolge: Stimulus > Emotion > Körperliche Reaktion. Doch die Reihenfolge stimmt so nicht ganz.
>
> Die Psychologen haben experimentell herausgefunden, dass es **eine wechselseitige Abhängigkeit zwischen den Emotionen**

> **und einer Vielzahl von körperlichen Reaktionen gibt:** Herzschlag und Atemfrequenz ändern sich, Stoffwechsel und Wasser- und Hormonhaushalt, Verdauung, Augenstärke, Riechfähigkeit, und sogar Intelligenzleistung.
>
> Des Weiteren haben sie nachgewiesen, dass es möglich ist, diese Abhängigkeit künstlich in eine oder andere Richtung zu manipulieren.
>
> Im Experiment haben die Probanden bewusst Gesichtsausdrücke nacheinander verändert. Dabei wurde Atemfrequenz und Herzschlag gemessen. Gleichzeitig mussten die Probanden erzählen, welche Gedanken und Gefühle sie in diesem Moment hatten.
>
> **Es hat sich herausgestellt, dass auch künstliches Verändern des Gesichtsausdrucks heftige körperliche Reaktionen sowie entsprechende Emotionen als Folge hat.**

Was bedeutet das für Dich? Das Du die Meisterin Deines Körpers und Deiner Emotionen werden kannst.

Du allein kannst entscheiden, wie es Dir geht. Du allein bist für Dein Glück verantwortlich. Indem Du die Verantwortung für Dich und Deinen Zustand übernimmst, kannst Du niemandem mehr die Schuld dafür geben. Du hast die Macht Dein Leben so zu gestalten wie Du willst. Du bist somit absolut frei.

Gewöhne es Dir also an, immer mit einem freundlichen Lächeln aus dem Haus zu gehen. Damit machst Du nicht nur Deinen Nächsten ein Geschenk, sondern tust etwas für Deine Gesundheit und Deinen emotionalen Zustand.

Nichts zieht Menschen so sehr an, wie eine warmherzige Frau mit einem offenen Gesichtsausdruck und lebensbejahender Einstellung.

Non-verbales Verhalten

Bleib immer in Bewegung

Warum ist das so wichtig in Bewegung zu bleiben?

Wir wissen, dass Männer in ihren Genen immer noch erfolgreiche Jäger und Eroberer sind.

Wenn sie ein würdiges bewegendes Zielobjekt sehen (und das bist Du!), wacht in ihnen der Jagdinstinkt auf und sie setzten alles daran, ihn zu erobern. Ein stilles, unbewegliches Ziel ist für einen Mann höchstens genauso interessant wie ein stilvolles Kunstobjekt – nett anzuschauen, weckt aber keinerlei Leidenschaft, keinerlei Konkurrenzkampf und… wird nach spätestens 2 Minuten vergessen.

Deswegen solltest Du Dich niemals ärgern, wenn der Mann an Deiner Seite, mit dem Du gemütlich im Café sitzt, plötzlich mit seinem Blick den schwebenden Hüften einer Unbekannten folgt. Bitte, sei nachsichtig mit ihm. Er kann nämlich nichts dafür. Er folgt nur seinem Jägerinstinkt.

Erachte das lieber als das Alarmzeichen für Dich: Du bist statisch geworden und es ist an der Zeit etwas zu ändern.

In 2 Minuten solltest Du etwa 10 Mal Deine Position wechseln, seien es Füße, Beine oder Hände – alles bleibt in Bewegung.

DEINE BEWEGUNGEN SIND LANGSAM UND ELEGANT

Du bist eine Königin und so benimmst Du Dich auch.

In Deinem Inneren stellst Du Dir vor, dass all die Menschen um Dich herum Dir zusehen und Deinen Worten zuhören, als ob Du auf der Bühne wärst. Wenn Du Dich so benimmst und so sprichst, wirst Du bald merken, dass Menschen tatsächlich genau so auf Dich reagieren. Nichts und niemand wird die Aufmerksamkeit Deines Partners von Dir ablenken können.

PRÄSENTIERE DICH ALS WERTVOLL UND BEDEUTUNGSVOLL

Wenn Du immer noch glaubst, dass Männer Gedanken lesen können, ist es spätestens jetzt an der Zeit sich von diesem Glauben zu distanzieren.

Dein Gedankengut – Ideen, Kreativität, Wissen, Deine Intelligenz und Deine Bildung schlechthin – ist zwar aus allen möglichen Perspektiven gesehen wichtig, aber für Ihn ist es leider, leider unsichtbar.

Non-verbales Verhalten

Das ist die Realität! Nimm sie einfach hin. Das Erste, was ein Mann in Dir sieht, ist Dein Körper. All Deine reiche innere Welt ist auf Deinen Körper angewiesen, um verstanden und angenommen zu werden.

Dein Körper ist also ein Medium, durch welches Du Botschaften an Deine Umgebung, also auch an Ihn, sendest.

Wenn Du an Deiner Beziehung arbeitest, lautet deine Botschaft:

Ich bin wertvoll und bedeutungsvoll, ich bin eine Königin.

Wie erkennt man unter all den wunderschönen Frauen auf unserem Planeten eine wahre Königin?

Kennst Du noch das Märchen über die Prinzessin auf der Erbse?

Nein, Du musst nicht auf der Erbse schlafen. Man erkennt eine Prinzessin und eine Königin eigentlich ganz einfach:

Eine Königin ist an ihrer Haltung erkennbar.

Achte auf Deinen Rücken! Achte auf Deine entspannte Schulter und auf das wunderschön gebogene Kreuz.

Wenn Du sitzt, dann sitze gerade, fühle Deine innere Mitte. Zusammengekreuzte Beine finden Männer wunderschön. Halte Dich in Bewegung (und Ihn in Spannung), indem Du die Position Deiner Beine hin und wieder wechselst. Achte darauf, dass Du

Deinem Partner die Seite zeigst, die besonders attraktiv ist – Deine Oberschenkel – je höher Du Dein Bein auf den anderen legst, desto länger erscheint optisch der Oberschenkel und desto attraktiver erscheinst Du für Deinen Partner. Dabei wende Dich mit Deinen Schultern zu ihm und zeig Interesse an dem Gespräch. Und voilà! Plötzlich sitzt Du in der Position, die Dich am vorteilhaftesten zeigt.

Klang Deiner Stimme

> *„Von allen Frauen, deren Charme ich erlegen bin, habe ich hauptsächlich Augen und Stimme in Erinnerung."*
> *Marcel Proust*

Der antike griechische Biograph Plutarch beschrieb die letzte ägyptische Königin Kleopatra als eine Person mit einer ungeheuren Anziehungskraft. Sie verzauberte wichtige Männer ihrer Zeit weniger durch ihre äußere Schönheit, jedoch durch den Charme ihrer Konversation und ihren spielerischen Charakter. Es sollte ein Vergnügen gewesen sein, nur den Klang ihrer Stimme zu hören. Sie sprach viele Fremdsprachen und brauchte selten einen Dolmetscher während ihrer vielen internationalen Empfänge.

Vor dem eigentlichen Treffen mit einem Mann sprach die Königin Kleopatra zu ihm, während sie sich versteckt hinter einem Vorhang hielt. Sie kam zum Vorschein erst, wenn sie sein Begehren merkte. Zu diesem Zeitpunkt vollendete er das innere Bild der Königin in seiner Phantasie, so dass ihr Äußeres gar keine so große Rolle spielte.

Wie kannst Du also Deine Stimme nutzen, um eine solche Wirkung zu erzielen?

Es gibt viele wunderschöne Stimmen, aber Du kannst sie alle auf zwei Typen zusammenfassen:

Die sexuell erregte tiefe **Stimme a la Sofia Loren** und die verspielte mädchenhafte **Stimme a la Britney Spears**. Es spielt dabei keine Rolle, welche Stimme Du von Natur aus hast. Die Stimme ist unser ältestes gottgegebenes Instrument. Du kannst es erlernen und nutzen, wie es Dir gerade am sinnvollsten erscheint.

Für die tiefe sexuelle Stimme mache Deinen Rücken gerade, entspanne Deine Schulter, sprich **etwas langsamer und leiser** als sonst. Unabhängig von dem gesprochenen Inhalt assoziieren Männer diese Stimme unbewusst mit dem Prozess der Erregung.

Die zweite Stimme schenkt Freude: Sie ist verspielt und mädchenhaft. Du sprichst mit etwas erhobenem Kinn und **einem Lächeln auf den Lippen**. An dieser Stelle darfst Du etwas schneller sprechen und Deine Begeisterung, Enthusiasmus, Deine Zärtlichkeit und Herzlichkeit demonstrieren.

Nutze die beiden Stimmen abwechselnd im Gespräch mit Deinem Mann, immer situationsabhängig. Mit der Zeit wirst Du zur wahren Künstlerin Deiner Stimme. Du wirst wissen, die Vielfalt und die Feinheiten des Klangs zu nutzen. Du wirst fähig sein, eine Abwechslung ins Gespräch zu bringen und dafür zu sorgen, dass es Euch niemals langweilig wird.

Verführerischer Duft

*„Der Naive glaubt an die Unschuld,
der Kluge an die Kunst der Verführung."*
Dr. Fritz P. Rinnhofer

Der Geruchssinn wird oft unterschätzt. Dabei ist er der einzige Wahrnehmungssinn, der einen direkten Zugang zu unseren Gefühlen hat. Biologisch lässt es sich dadurch erklären, dass das Riechareal im Gehirn direkt an das limbische System geknüpft ist, das für Emotionen zuständig ist.

Es ist nachgewiesen, dass wohltuende Gerüche Träumen beeinflussen und schlechte Gerüche Alpträume verursachen können.

Manche Pflanzen wie zum Beispiel Rosemarin sind seit Antike dafür bekannt, dass sie Konzentration und Erinnerungsvermögen stimulieren, Stresshormon Cortisol senken und Angstzustände reduzieren.

Es ist bekannt, dass der menscheneigene Körpergeruch sich nach Gemütszustand ändern kann. Insbesondere intensive Gefühle wie Wut oder Angst wirken negativ auf den Körpergeruch. Deswegen sagt man, dass Hunde Angst sehr gut spüren können.

Menschen, die ihre Riechfähigkeit verlieren, neigen zu Depressionen, begehen öfter Selbstmord und leiden an geringem Erinnerungsvermögen.

Jetzt, wenn Du weißt, welche Rolle Düfte in unserem Leben spielen, kannst Du Dir dieses Wissen zu Nutze machen.

Welche Regeln gibt es in Bezug auf Deine Beziehung zu beachten?

REGEL NUMMER 1: NEUER MANN – NEUES PARFUM

Die Gerüche sind mit Emotionen verbunden. Das bedeutet, dass jedes Mal, wenn Du das Parfüm nutzt, das Du mit Deinem Ex-Partner assoziierst, werden die Erinnerungen wach, die Du gern vergessen wollen würdest. Das Prinzip der klassischen Konditionierung funktioniert auch in diesem Fall.

REGEL NUMMER 2: FINDE DEINE EIGENE DUFTNOTE

Nimm Deinen Partner am besten mit und wähle mit ihm zusammen das Parfüm für Dich. Es ist nicht Parfüm an sich, sondern seine Mischung mit Deinen Körperfluiden, ergibt Dein einmaliges Aroma.

REGEL NUMMER 3: ANKERE DEINE DUFTNOTE DANN, WENN ES AM SCHÖNSTEN IST

Stelle Dir vor: Du triffst Dich zu einem Date mit dem Mann Deiner Träume. Ihr verbringt einen unvergesslichen Abend, sprecht, lacht zusammen und genießt Euer Miteinander in vollen Zügen. Wenn es gerade am schönsten ist, verabschiedest Du Dich und gehst nach Hause. Was er nicht weiß, ist, dass Du unbemerkt auf seiner Kleidung oder in seinem Auto eine Spritze Deines Parfüms hinterlassen hast. Am nächsten Tag verfolgt ihn die Vorstellung von Dir und von den Emotionen, die Du in ihm geweckt hast. Und Du weißt schon: Je länger ein Mann an Dich denkt, während Du nicht anwesend bist, desto mehr verliebt er sich in Dich. Wir müssen ihm doch unser kleines Geheimnis nicht verraten, nicht wahr?

ÜBUNG

MEDITATIVE REISE IN DIE WELT DER GERÜCHE

Setze Dich bequem und entspanne Deinen Rücken, Deine Hände und Füße... Ich lade Dich zu einer kleinen meditativen Reise ein.

...Stelle Dir vor: Du bist in einem wunderschönen exotischen Garten. Wo Du hingehst, triffst Du auf verführerische einzigartige Düfte.

Da wachsen immergrüne kleine Sträucher der Coffea-Pflanze. Du kommst näher und nimmst das Aroma der weißen zarten Blüten wahr.

Langsam gehst Du weiter und gerätst auf einmal in eine Duftwolke, die Jasmin Blüten verbreiten. Auf Deinem Weg riechst Du Akazienbäume und Zypressen.

Die nächste Station ist der Kräutergarten mit Basilikum, Thymian, Oregano und Rosmarin... Du riechst an jedem Kraut und nimmst die Unterschiede in dem würzigen Aroma wahr.

Die Nelken wecken Erinnerungen an Deine Kindheit und die gemütlichen Weihnachtstage. Womit assoziiert sich bei Dir der blumige Lavendelduft?

Plötzlich hörst Du das Summen der Bienen und nimmst den intensiven Honiggeruch wahr, gemischt mit dem Geruch der Waben und einer sommerlichen Blumenwiese.

Die Myrte verströmt ihr unverwechselbares Aroma. Diese intensiv riechende Pflanze hatte früher eine besondere Bedeutung und diente als Fruchtbarkeitssymbol. Im britischen Königshaus darf sie bis heute in keinem Brautstrauß fehlen.

Mit dieser Übung kannst Du Dein Geruchssinn schärfen. Auch kann sie für allgemeine Entspannung sorgen. Finde feste Zeit für diese Übung und bring Deine Lieblingsdüfte in Erinnerung.

Verliebe Dich in Deinen Partner Neu!

Über königliche Haltung und den Gang einer Katze

„An der Haltung erkennst Du die Stärke eines Menschen."
Katharina Eisenlöffel

Eine Königin erkennt man an ihrer Haltung - das haben wir gelernt. Und gerade Männer achten darauf unbewusst: Ein gerader Rücken und eine starke Haltung zeugen nämlich von Vitalität, Gesundheit und starkem Selbstbewusstsein.

Stelle Dich vor dem Spiegel. Mit tiefem Einatmen hebe die Schulter maximal nach oben. Jetzt führe sie maximal zurück und mit langem Ausatmen nach unten. Herzlichen Glückwunsch! Du bewunderst die Haltung einer Königin.

© 2018 Life Culture Publishing

Halte den Rücken gerade in jeder Situation.

Dadurch wirst du nicht nur Rückenschmerzen vorbeugen oder, falls Du sie bereits hast, loswerden, sondern Du machst Dir damit ein unglaublich wertvolles Geschenk – eine Gewohnheit, die Dir bis ins hohe Alter dienlich sein wird.

AUS DER FORSCHUNG

KÖNIGLICHES SCHREITEN IST SEXY

Die Forscher haben experimental herausgefunden, wie genau Frauen sich bewegen müssen, sodass sie am meisten Sexappeal ausstrahlen.

Einigen Männergruppen wurden Silhouetten von laufenden Frauen gezeigt, so dass das Aussehen und das Alter nicht erkennbar waren.

Am attraktivsten fanden Männer Frauen, die Selbstsicherheit und Selbstbewusstsein ausstrahlten, deren Bewegungen großzügig, ruhig und intensiv waren.

Richtig selbstbewusste Frauen haben keine Angst den Raum einzunehmen. Sie betreten den Raum so, als würden sie auf einer Bühne auftreten.

Übung

Gang einer Katze

Stelle Dich auf. Rücken gerade. Stelle Dir vor: Du bist der große schwarze Panter, die wilde Katze, die ruhig, graziös und mit der inneren Stärke durch Ihr Revier streift. Du bist die Königin der Wälder.

Stark und flexibel – wie Wasser – fließen Deine Bewegungen ineinander über. Alle Sinne sind wach.

Nichts entkommt Dir. Du bist erhaben über alles, was in Deiner Umgebung geschieht. Und nun... Geh los... Achte auf Deine Hüfte: Wie ein Schiff auf dem Meer bewegen sie sich im Rhythmus Deines Ganges.

Du gehst mit bequemen, maximal breiten Schritten voran, genau auf einer Linie, rollend von der Ferse zu der Fußspitze, mit der Fußspitze etwas nach außen.

Du achtest beim Gehen auf drei Dinge: Deinen Rücken, Deine Füße und Deinen Hals.

Balancieren auf einer Linie ist extrem wichtig – genau das macht Deinen Gang weiblich. Früher gingen die Psychologen davon aus, dass es 5 menschliche Sinne gibt: Sehen, Hören, Fühlen, Riechen und Schmecken. Neuere Psychologie hat mittlerweile einen sechsten Sinn offiziell anerkannt: **den Gleichgewichtssinn.** Der Gleichgewichtssinn beeinflusst alle anderen Sinne und spielt für die Fitness eines Menschen eine zentrale Rolle. Indem Du also Deinen königlichen Gang trainierst, trägst Du Deiner Jugend und Vitalität bei.

Schon kleine Mädchen unterscheiden sich von kleinen Jungen dadurch, dass sie auf einer Linie gehen. Manche Frauen verlieren diese Grazie irgendwann, achten nicht darauf. Dadurch vernachlässigen sie nichts Minderes als ihre Weiblichkeit. Es wundert nicht, dass Männer sie plötzlich anders behandeln.

Wenn Du läufst, mache Dir den Prozess des Laufens bewusst: Nimm wahr, wie sich Deine Muskeln anspannen, wie graziös sich Dein Rücken biegt, wie anmutig Dein Hals Deinen Kopf trägt.

Der weibliche Hals ist einer der erotischsten Körperteile, eben weil er sich so sehr von dem männlichen Hals unterscheidet. Der starke Männerhals ist gebaut, um seine Schulter zu unterstützen und Lasten zu tragen. Der weibliche Hals ist biegsam und beweglich, damit wir schnell unsere Umgebung überblicken können.

Achte auf Deinen Hals, zeige ihn, berühre ihn... und nehme ihn wahr - jedes Mal, wenn Du läufst...

Körperliche Wahrnehmung – die Achtsamkeit – wurde oft im religiösen Kontext gelehrt. Das hat einen Grund:

Je bewusster Du lebst, desto mehr Einfluss hast Du auf Deinen Zustand.

Du produzierst Hormone, die Dich jung und vital halten. Diese Hormone werden von Menschen in Deiner Umgebung unbewusst wahrgenommen. Männer werden dann wahrscheinlich sagen, dass Du eine starke Ausstrahlung hast... Lass sie in diesem Glauben: Du musst nichts erklären. Lächele zurück und behalte unser Geheimnis nur für Dich allein...

Über königliche Haltung und den Gang einer Katze

Teil 3: Wie siehst Du Dich selbst?

Spieglein, Spieglein an der Wand!
Wer ist die Schönste im ganzen Land?
Märchen

So wie Du Dich selbst siehst, sehen Dich auch Andere!

Es ist unendlich wichtig ein positives Bild von sich selbst zu haben.

Pflege das positive Selbstbild in Dir und vermittle es Deinem Mann und Deinen Kindern. Erschaffe eine Kultur der positiven Wertschätzung in der Familie. Das ist wahrscheinlich die größte Gabe, die Du Deinen Liebsten geben kannst. Es ist nicht möglich ein glückliches Leben zu führen ohne positive Einstellung zu sich selbst.

So wie Du Dich selbst siehst, sehen Dich auch andere!

Hast Du schon Frauen gesehen, die ein durchschnittliches Aussehen haben, und dennoch gleichermaßen Männer wie Frauen wie ein Magnet anziehen? Sie strahlen so viel Herzlichkeit und Wärme aus, dass jedermann sich in ihrer Nähe wohl fühlt.

So wie Du Dich selbst siehst, sehen Dich auch Andere!

Aus der Forschung

Innere Einstellung entscheidet über Erfolg

Die Wissenschaftler sind der Sache auf Grund gegangen und herausgefunden, dass **das Geheimnis erfolgreicher Frauen in ihrer inneren Einstellung liegt.**

Und diese Einstellung bezieht sich auf drei Bereiche: Sie selbst, Männer in ihrer Umgebung und die Welt allgemein.

Einstellung zu sich selbst

Die erfolgreichen Frauen sehen in erster Linie nicht ihre Fehler und Mängel, sondern ihre Stärken. Sie betrachten sich als einzigartig, wunderbar und begehrenswert.

Wenn sie sich im Spiegel ansehen, fallen ihnen nur ihre schönen Seiten auf: Ihre Augen, ihre Haare oder ihren Mund – bei jedem Blick in den Spiegel sprechen sie innerlich eine Bewunderung aus und setzen ein imaginäres Krönchen auf.

Erfolgreiche Frauen haben ein ausgesprochen positives Verhältnis zu ihrem Körper.

Im Gespräch fokussieren sie sich auf ihre liebenswerten Charaktereigenschaften.

Sie betonen ihre Freundlichkeit, ihre Hilfsbereitschaft und wie wichtig für sie zwischenmenschliche Beziehungen sind.

Sie behandeln sich selbst mit Stolz und Bewunderung. Und nach einer Weile blenden auch andere Menschen ihre Mängel einfach aus und fangen an sie zu bewundern.

MÄNNER IN IHRER UMGEBUNG

Die erfolgreichen Frauen sehen in Männern in ihrer Umgebung wunderbare, großzügige, edle Ritter und behandeln sie auch so.

Auch hier blenden sie alle Mängel einfach aus und geben dem starken Geschlecht immer wieder die Chance seine ritterlichen Eigenschaften zu beweisen.

Es gibt keine negativen Männer für diese Frauen. Selbst wenn einer negativ aufgefallen ist, dann bedeutet das nicht, dass er schlecht ist, sondern lediglich, dass er einen Fehler gemacht hat, um daraus zu lernen.

DIE WELT ALLGEMEIN

Die erfolgreichen Frauen genießen das Leben.

Sie bewundern Menschen in ihrer Umgebung und sehen die Welt als ein wunderbarer Ort voller Möglichkeiten.

Sie gehen mit verliebten Augen durch das Leben und strahlen Wärme, Herzlichkeit und Charisma aus.

Es verwundert nicht, dass sie sowohl männliche Verehrer als auch viele Freundinnen haben. Von solchen Frauen ist jedermann fasziniert, fühlt sich verstanden und respektiert.

Wenn Du Dir angewöhnst, Dich selbst, Männer und die Welt mit verliebten Augen zu sehen, erhältst Du einen Schlüssel zu Herzen der Menschen, dem Ansehen und dem Respekt sowie zu einem glücklichen und erfüllten Leben.

ÜBUNG

Wie Du zum positiven Selbstbild, positiven Bild Deines Partners und positiven Bild der Welt kommst

- Stelle Dich vor den Spiegel. **Finde mindestens 10 körperliche Merkmale an Dir, die Dir gefallen.** Das können Deine wunderschönen Augen sein, der sinnliche Mund, die Grübchen auf Deinen Bäckchen oder die intensive Farbe und der Glanz Deiner Haare.
- Schreibe sie in Deinem Tagebuch auf!
- Mache diese Übung täglich! Jeden Tag vor dem Spiegel erinnere Dich an diese Merkmale und bewundere sie.
- **Schreibe 10 Eigenschaften Deines Partners auf, die Du bewunderst.**
- Achte auf die positiven Eigenschaften der Menschen in Deiner Umgebung.
- **Werde zu einer Sammlerin der positiven Eigenschaften:** Wenn Du aus dem Haus gehst, lege Handvoll Münzen in Deine linke Tasche und jedes Mal, wenn Du in einer Person eine liebenswerte Eigenschaft entdeckt hast, klopfe Dir selbst imaginär auf die Schulter und lege eine Münze aus der linken Tasche in die rechte. Am Ende des Tages zähle die Münzen in der rechten Tasche und schreibe Deine Erinnerungen in Deinem Tagebuch auf.

So wie Du Dich selbst siehst, sehen Dich auch Andere!

- ❖ Spreche so oft wie möglich unbekannte Menschen an und mache ihnen **ehrlich gemeinte Komplimente** in Bezug auf die positiven Eigenschaften, die Du bei ihnen gesehen hast.

Verliebe Dich in Deinen Partner Neu!

Die Rollen, die Du spielst…

> *"I am NOT, what happened to me, I am what I CHOOSE to become."*
> *Carl Gustav Jung*

Wie verhältst Du Dich als Tochter, Frau, Mutter, Kollegin, Nachbarin? Über diese bewussten Rollen ist viel geschrieben und gesprochen worden. Man kennt sie und man passt das Verhalten der Rolle entsprechend an.

Es gibt aber auch Rollen, die uns gar nicht bewusst sind. Diese Rollen sind als Erbgut tief in uns auf der emotionalen Ebene gespeichert und beeinflussen unser Verhalten dadurch stark.

Hollywood hat diese unbewussten Rollen erkannt und setzt in der Produktion der Filme ein. Helden, Krieger, Prinzessinnen und Königinnen sind nichts anderes als die Personifizierung der Rollen, die in unserem Unbewussten gespeichert sind. Dabei geht es um Stereotype wie: Ein Held hat mutig und stark zu sein und er soll sich für das Gute einsetzen. Die Königin ist weise und mächtig, kann aber auch einsam und manipulierend sein.

© 2018 Life Culture Publishing

Das Wissen um diese Rollen wird zum Beispiel, im Marketing genutzt, um unser Kaufverhalten zu beeinflussen, sowie in der Produktion von Computerspielen.

Indem wir uns dieser Rollen bewusst werden, lernen wir unsere Gefühle besser verstehen und unser Verhalten besser steuern.

Die erste Forschung der unbewusst eingenommenen Rollen, die wir, Menschen, in unterschiedlichen Kontexten spielen, haben wir dem *Psychologen Carl Gustav Jung* (1875 – 1961) zu verdanken.

Abbildung 4 Karl Gustav Jung, Psychologe, Psychiater, Journalist, Erfinder

Jung beschäftigte sich mit Mythen, Märchen und Vorstellungsbildern aus unterschiedlichen Zeiten und Kulturen. Dabei kam er zur Erkenntnis, dass gewisse Rollen fast überall auf der Welt und zu allen Zeiten in der Geschichte vorkommen. Diese Rollen werden mit entsprechenden Vorstellungen, Gefühlen, Werten, Glaubenssätzen gefüllt, die sich in ihrer Gesamtheit in bestimmten Verhaltensmustern resultieren. Er nannte diese Rollen Archetypen.

Die Archetypen sind biologisch vor-programmierte Verhaltensmuster, die nicht persönlicher Erfahrung stammen, sondern dem kollektiven Unbewussten. Ein notwendiger Bestandteil der Archetypen ist ihre Emotionalität.

Helden, Krieger, Götter, Herrscher und Magier sind Beispiele solcher Archetypen, aber auch Naturerscheinungen wie die Sonne oder die Himmelslichter, sowie menschliche Ur-Erfahrungen wie die Geburt, der Tod, weiblich / männlich, die Pubertät. Jung's Konzept enthält keine exklusiven Definitionen und keine bestimmte Anzahl von Archetypen.

Die menschliche Psyche teilt Jung in vier Bereiche auf:

Ich-Bewusstsein wird repräsentiert durch Archetypen Licht, Sonne, Held und bezieht sich auf die **positive Seite der Persönlichkeit**.

Schatten wird repräsentiert beispielsweise durch Archetypen „dunkle Widersacher des Helden" oder „dunkle Doppelgänger". Schatten bezieht sich auf die **verdrängte dunkle Seite**.

Seele wird repräsentiert durch Archetypen Animus und Anima (Männlichkeit und Weiblichkeit) und bezieht sich auf die **unbewusste Persönlichkeit**.

Selbst wird repräsentiert durch Archetyp Weisheit und bezieht sich auf das Ganze – die Einheit der Persönlichkeit.

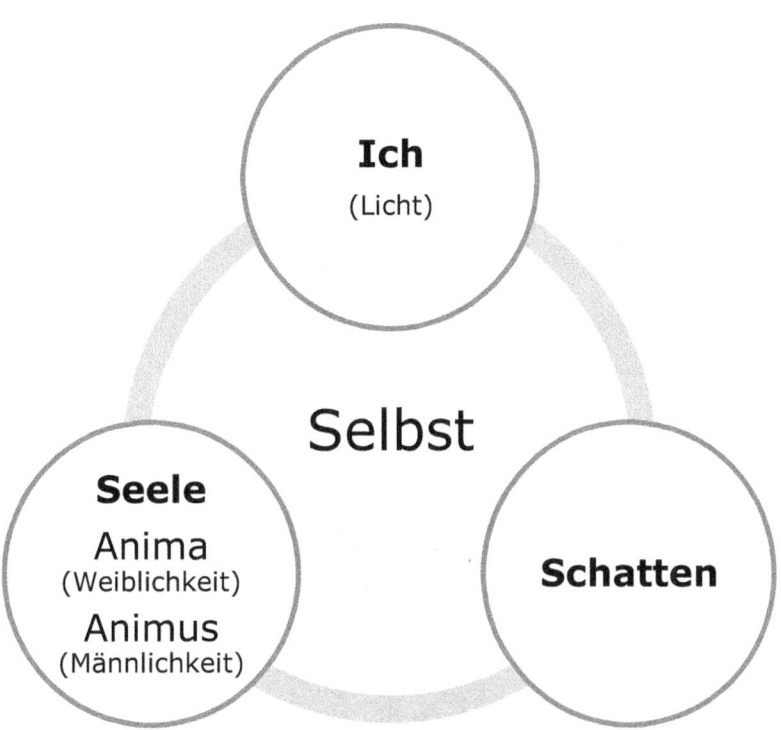

Abbildung 5 Teile der menschlichen Psyche nach C. G. Jung

Besonders interessant für unser Thema jetzt ist das Konzept der Seele, das durch zwei Archetypen repräsentiert wird, die für Männlichkeit und Weiblichkeit per se stehen: Animus und Anima.

Animus ist das unbewusste Bild eines Mannes in der Vorstellung einer Frau. Anima im Gegenzug ist das Bild einer Frau in der Vorstellung eines Mannes. Genau diese Bilder werden auf die realen Personen übertragen und erzeugen damit bestimmte unbewusste Erwartungen.

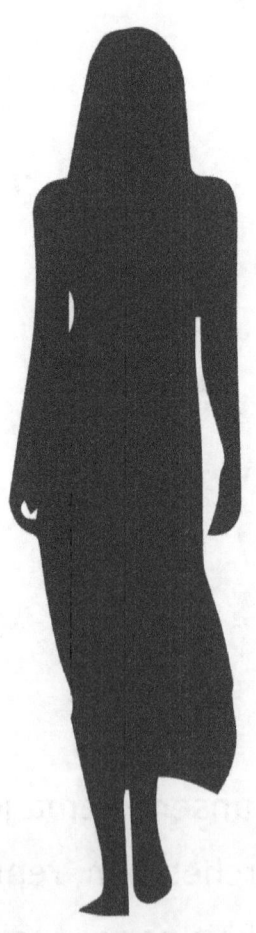

ÜBUNG

ANIMUS UND ANIMA

- Mache ein gedankliches Experiment: Welche Eigenschaften hat ein (idealisierter) Mann in Deiner Vorstellung? Wie ist der Held Deiner Träume: Stark? Verständnisvoll? Großzügig? Beschützend? Schreibe die Eigenschaften auf. Denn genau das wäre Dein Animus. Genau das schätzt Du an Männern allgemein. Und genau das ist Dir wichtig in Deinem Partner zu finden.

- Spinne den Gedanken weiter und überlege, welche unbewussten Erwartungen an eine Frau Dein Partner haben könnte? Wie soll eine idealisierte Frau sein? Warmherzig? Liebevoll? Fröhlich? Genau diese Eigenschaften wird er in Dir suchen und, wenn Du sie zeigst, an Dir schätzen.

Ich möchte Dir im Weiteren drei weibliche Archetypen vorstellen. Das Wissen über diese Archetypen kann Dir nützlich sein, denn sie vereinen Eigenschaften, die Weiblichkeit an sich definieren – das, was gleichermaßen Frauen und Männer so sehr begeistert: Die Königin, die Muse und die Liebesgöttin.

Archetyp der Königin

Über welche Eigenschaften verfügt eine wahre Königin? Wir haben bereits die königliche Haltung angesprochen. Aber es gehört viel mehr dazu.

ELEGANZ

Eine Königin ist elegant, ungeachtet dessen, wie es ihr gerade geht und welche Herausforderung sie gerade zu meistern hat. Eleganz ist mehr als ein Kleidungsstil. Man erkennt Eleganz an der inneren Haltung der Königin - ihrer inneren Stärke und der Anmut, der Selbstdisziplin und der hohen sozialen Intelligenz. Die Königin wahrt eine leichte Distanz zum Gesprächspartner und lässt sich durch nichts und niemanden aus der Fassung bringen.

Eleganz ist die Qualität, die viel mit ihrer emotionellen Reife zu tun hat: Sie verrät die Tiefe und die Weisheit ihrer Persönlichkeit.

FASSUNG (SELBSTBEHERRSCHUNG)

Eine Königin ist weise: Sie weiß, was sie will und wie sie es erreichen kann. Eine Königin agiert und nicht „re-agiert". Das bedeutet, dass sie nicht nötig hat, sich zu erklären, zu verteidigen oder zu rechtfertigen. Sie handelt überlegt und nicht aus Affekt. Sie behält die Kontrolle über ihren Zustand und damit über die Situation. Als eine wahre Führungspersönlichkeit strahlt sie Ruhe und Zuversicht aus. Sie fokussiert sich auf die Lösung und nicht das Problem. In einer schwierigen Situation stellt sie ihre Bedürfnisse hinter denen der Menschen, für die sie sich verantwortlich fühlt. Sie diskutiert nicht zu lange über die Probleme, sondern nimmt sie in Angriff und handelt.

Es sieht ganz so aus, dass die Selbstbeherrschung rund um den Globus kulturübergreifend zu den wichtigen Eigenschaften der Menschen zählt, die einen höheren sozialen Status genießen. Die Selbstbeherrschung wird auch in den Filmen und Büchern thematisiert und von „wahren" Helden erwartet.

BEDACHT

Eine Königin bekommt ihre Wünsche erfüllt, weil sie klar sagt, was sie will. Weil eine Königin mit Bedacht handelt, behält sie immer einen kühlen Kopf. Sie trifft ihre Entscheidungen wohl überlegt. Sie steht zu sich selbst, eigenem Wort und eigenem Handeln. Wer und wie sie ist, ändert sich nicht von Person zu Person oder von Situation zu Situation.

In Bezug auf den König bezeugt die Königin die höchste Loyalität. Sie ist die Person, die IMMER und in JEDER Situation an den König glaubt. Sie ist seine Muse, die ihm das Gefühl gibt, alles auf der Welt erreichen zu können. Und sie hat keine Angst ihm zu zeigen und zu sagen, dass er sie glücklich macht...

Die Qualitäten einer Königin sind nicht etwa vererbbar. Jede Frau kann sie erlernen.

Die Rollen, die Du spielst...

Archetyp der Muse

"Überlass, Der Große General, die Angelrute uns, armen Souveränen von Pharos und Canopus. Dein Spiel sind Städte, Königreiche, Kontinenten."
Königin Kleopatra

Ich liebe die Liebesgeschichte von Kleopatra und Markus Antonius. Selbstredend waren die beiden die Kinder ihrer Zeit und aufgrund ihrer Stellung inmitten der Machtverhältnisse damaliger Welt. Doch die Faszination ihrer Geschichte rührt nicht etwa von ihren politischen und wirtschaftlichen Erfolgen, sondern von ihren Emotionen und ihrer Leidenschaft.

Abbildung 6 Statue von Marcus Antonius, Vatikan Museum

Abbildung 7 Kleopatra VII, Antikensammlung Berlin

Verliebe Dich in Deinen Partner Neu!

Das Zitat am Anfang des Kapitels stammt aus der Überlieferung des griechischen Historikers Plutarch über den gemeinsamen Ausflug von Kleopatra und Marcus Antonius. Hier ist eine kurze Zusammenfassung:

> An diesem Tag war das königliche Paar mit einem Boot rausgefahren, um zu fischen. Der verliebte Markus Antonius wollte um jeden Preis die Königin beeindrucken. Ein um das andere Mal warf er die Angelrute aus, aber nichts half: Er hatte an diesem Tag einfach kein Glück.
>
> Also gab er Fischern in der Umgebung eine Anweisung, unter Wasser die Fische an den Hacken zu setzten, die bereits gefangen worden waren.
>
> Dies entkam Kleopatra nicht. Aber die kluge Frau täuschte trotzdem ihre Bewunderung vor und erzählte allen, wie geschickt Antonius sei.
>
> Am nächsten Tag setzte sich das Spiel fort. Jedoch einer der Diener wollte seinem Herrn einen Streich spielen und setzte an den Haken einen gesalzenen Fisch.
>
> Du kannst es Dir ausmalen, was für ein Gelächter ausbrach, als Antonius die Beute aufzog.
>
> **"Überlass, Der Große General, die Angelrute uns, armen Souveränen von Pharo und Canopus," sagte darauf Kleopatra, „Dein Spiel sind Städte, Königreiche, Kontinenten"....**

Was für eine Frau! Mit einem Satz hat sie die heikle Situation, Stolz und Ehrgeiz ihres Geliebten gerettet.

Kleopatra als eine erfahrene und geschickte Strategin wusste um das typisch männliche Bedürfnis IMMER DER GRÖSSTER, DER STÄRKSTER, DER KLÜGSTER ZU SEIN.

Und als liebende Frau erfüllte sie ihm dieses Bedürfnis.

Genau das zeugt von den Qualitäten einer Muse.

ÜBUNG

Schlüpfe in die Rolle Kleopatras

- Lese die Geschichte oben noch einmal durch und überlege: Wie würdest Du Dich in dieser Situation verhalten? Welche Reaktion wäre sonst noch möglich und angebracht?

Sei eine Muse für Deinen Mann. Kritisiere ihn nie.

Fehler zu machen ist ein Zeichen der Entscheidungsstärke und der Courage.

Ein Mann, der Mut aufbringen kann viele Fehler zu machen, wird letztendlich Großes erreichen.

Willst Du ihn darin unterstützen und an diesem Großen teilnehmen? Willst Du mit ihm zusammen seine Träume träumen? Willst Du seine Inspiration, seine Beraterin und seine beste Freundin sein?

Nehme hinter all seinen Fehlern ein Gewinn an Erfahrung und eine positive Absicht wahr.

Dein Mann ist fantastisch. Nimm das als ein Axiom an, das nicht bewiesen werden muss, und stelle es nie in Frage.

ÜBUNG

WIE SIEHST DU EURE GEMEINSAME ZUKUNFT?

Eine Muse zu sein setzt die Weisheit und die enorme Weitsicht voraus:

Kannst Du Dir Deinen Mann und Dich in 20 Jahren vorstellen?

Male Dir vor Augen aus, was Ihr gemeinsam erreichen werdet. Wo werdet Ihr dann leben? Was werdet Ihr machen? Wie fühlt es sich für Dich an? Behandle Deinen Mann mit Respekt und nehme sein Potenzial wahr. Damit beflügelst Du ihn zu Heldentaten und wirst zu seiner wahren Muse.

Archetyp der Liebesgöttin

In allen Kulturen, zu allen Zeiten und Epochen, in allen geographischen Lagen gab es Frauen, die genau wussten, was sie wollten, und was sie zu tun hatten, um dies zu erreichen.

Auffallend bei ihnen ist, mit welchem Selbstverständnis, mit welchem Bewusstsein sie von ihren Wünschen und Träumen sprachen. Ohne jegliche Erwartungshaltung, ohne jemals etwas zu fordern, wussten sie dennoch, dass sie das Leben, das sie sich wünschten, voll und ganz verdienten. Sie wussten einfach, dass sie es wert sind das Leben ihrer Träume zu leben. Und so lebten sie exakt dieses Leben – leidenschaftlich, selbstverständlich und selbstbewusst.

Nach außen wirkte es oft so, als ob sie die Erfüllung ihrer Träume einfach geschenkt bekamen. Und weiß Du was? Genau so ist es auch: Sie alle wurden wie Liebesgöttinnen behandelt, weil sie sich als solche verhielten – liebevoll, wertschätzend und dankbar.

Die Männer an der Seite solcher Frauen, lasen scheinbar jeden Wunsch ihnen von den Augen ab und wirkten trotzdem unglaublich glücklich und erfüllt. Was war da das Geheimnis?

Wenn Du glückliche Paare beobachtest, werden Dir einige Verhaltensweisen auffallen:

Das Einzige, was Männer wirklich wollen ist, diese besondere Frau in ihrem Leben glücklich zu machen und ihr Held zu sein...

Selbst hoffnungslose Machos träumen in Wahrheit von der Einen, an deren Seite sie sich als Helden fühlen können.

Sex wird dann für sie zu einem Liebesbeweis - nicht mehr und nicht weniger...

Wenn Du diese Besondere Frau für Deinen Mann bist, wirst Du alle Deine Träume und Fantasien mit ihm ausleben können. Lass ihn wissen, dass Du glücklich mit ihm bist...

Freue Dich auf die Intimität und genieße sie. Mach Dir keinen Kopf, was er darüber denkt. Er wird schon dafür sorgen, dass er auf seine Kosten kommt.

Ein weiser Mann sagte einmal, dass die Menschen Sex viel zu sehr mit Sünde assoziieren. Dabei ist das ein Geschenk, für das wir dankbar sein sollen. Ist das nicht ein großartiger Gedanke?

Inspiriere Deinen Mann zu neuen Abenteuern mit Dir zusammen. Sei die Freude selbst, zeige ihm ruhig, wie sehr Du die Nähe mit ihm genießt.

ÜBUNG

VERFÜHRE MITTELS EROTISCHER GESCHICHTEN

- ❖ Flüstere Deinem Geliebten erotische Geschichten ins Ohr. Erzähle ihm detailliert, was Du mit ihm machen möchtest.
- ❖ Verrate ihm, welche Berührungen Dich am meisten betören. Zeige Deine Freude, wenn er Dir Deine Wünsche erfüllt.
- ❖ Sag ihm, was Du an ihm sexy findest, kommentiere das Geschehen, äußere Deine Bewunderung über ihn.

Bleibe individuell

"Deine ungeteilte Aufmerksamkeit ist das kostbarste Geschenk, das Du einem anderen Menschen geben kannst."
Marshall B. Rosenberg

Die Balance zwischen Geben und Nehmen ist essentiell in jeder Beziehung. Oft jedoch kommen Menschen zusammen, die eine unterschiedliche Vorstellung davon haben, was Geben und Nehmen für sie bedeutet. Ein Partner schreibt sich Erfolg auf die Fahne und arbeitet motiviert an seinen Zielen, der andere aber hat das Gefühl ein Spielball der Umstände zu sein, hat Selbstzweifel und leidet eventuell an Depressionen.

Während der erstere sich immer ganz sicher ist, dass seine Entscheidungen, die einzig richtigen sind, kann er seinen Partner völlig erdrücken, ihm jegliche Initiative und Lebenslust nehmen, ohne dass beide sich dessen bewusst sind. Wenn die Beziehung scheitert, heißt es dann: „Wir haben uns auseinandergelebt".

Solltest Du das Gefühl haben, dass das Gleichgewicht zerstört ist, schlage Alarm. Weder Du, noch Dein Partner kann dabei auf Dauer gewinnen und glücklich sein.

Sorge dafür, dass Deine eigenen Interessen und Vorlieben nicht zu kurz kommen. Das kann sich auf die Wohnungseinrichtung, Freizeitbeschäftigung oder Deinen Kleidungsstil beziehen.

Ändere Dich niemals Deinem Partner zu Liebe.

Als er Dich zum ersten Mal getroffen hat, verliebte er sich in Dich wie Du damals warst: In Dich mit Deinen Besonderheiten, Deinem Geschmack und auch Deinen kleinen Verrücktheiten. Wenn Du Dich änderst, dann soll das Dein eigener Wunsch und Bedürfnis sein.

Ich erzähle Dir eine Geschichte.

DIE WALDFEE

Es lebte einmal eine Waldfee. Und sie sah genauso

aus, wie man sich eine Fee vorstellt: Eine junge Frau mit langen braunen Haaren, erstaunlich großen Augen, roten Wangen und Lippen - immer zum Lächeln aufgelegt; und kleinen Händen und Füßen. Und wie alle anderen Feen hatte sie wunderschöne, beinahe durchsichtige, in Regenbogenfarben schimmernde Flügel.

Tag und Nacht flog sie in ihrem Wald herum, sammelte Kräuter, stellte daraus Salben her und heilte damit Waldbewohner, falls sie sich mal verletzt oder erkältet haben. Ihre Freizeit widmete sie der Musik und der Kunst. Sie hatte eine wunderschöne Stimme und liebte singen. Manchmal veranstaltete sie Gesangwettbewerbe unter Waldvögeln.

Die Waldfee achtete außerdem darauf, dass der Wald schön blieb: Im Sommer säuberte sie den Bach, der zwischen den Bäumen schlängelte, so dass die Tiere und die Pflanzen immer sauberes und frisches Wasser hatten; und im Winter achtete sie darauf, dass es ausreichend Schnee fiel, indem sie die Schneewolken über den Wald zusammenzog und sie so lange kitzelte, bis sie endlich vor lauter Lachen ihren Schnee verschütteten….

Eines Tages begegnete sie einem jungen attraktiven Menschen-Mann. Er war in diesem Wald auf einer Urlaubsreise, weil er dem Stress entkommen wollte, dem er – so sagte er – in seiner anspruchsvollen Position ausgesetzt war. Er radelte auf dem Waldweg, hörte eine bezaubernde Frauenstimme, sah sich um und entdeckte dieses wunderbare Wesen – unsere liebe Waldfee. Und Du kannst Dir schon denken, was kommt: Die beiden haben sich natürlich ineinander verliebt. Ganz klar!

Sie hatten eine prächtige Hochzeit im Wald gefeiert und dann war es an der Zeit für jungen Menschen-Mann zurück in die Stadt zu gehen - zurück zu seiner anspruchsvollen Position, denn er hatte sich nach Komfort seines Stadtlebens gesehnt. Natürlich sollte seine Frau nun mit ihm in die Stadt ziehen.

Bleibe individuell

Mit Stolz und Liebe hat er seine Finger durch ihre langen Haare gleiten lassen, und ihre Grazie und Anmut bewundert. Doch da fiel ihm etwas ein: Ihre Flügel! Was werden die Menschen in der Stadt sagen, wenn sie sehen, dass er eine Frau mit Flügeln gebracht hatte? Noch nie hat er jemanden in einer anspruchsvollen Position gesehen, der eine Frau mit Flügeln hatte. Ob das seiner Karriere schaden könnte?

Ganz vorsichtig hat er die Waldfee gefragt, ob sie bereit wäre Kleider zu tragen, die ihren Rücken so verdecken würden, dass man die Flügel nicht sehen konnte... Etwas erstaunt (sie war eigentlich ganz stolz auf ihre wunderschönen regenbogenfarbigen Flügel) willigte die Waldfee diesen Wunsch ein, denn sie wollte ja ihren Mann glücklich sehen.

In der Stadt angekommen, schaute sich die Waldfee erst einmal um. Sie sah beschäftige Menschen, die sehr viel Zeit in den Unternehmen verbrachten und sehr wenig Zeit mit den Menschen, die sie liebten. Die Menschen sahen dabei sehr ernst aus: Niemand sang herum oder lachte. Es wurde ihr gesagt, dass Respekt für diese Menschen wichtig sei und dass respektvolle Menschen nützlich sein müssen, um Respekt nicht zu verlieren. Und man ist erst dann nützlich, wenn man arbeiten geht und das Geld verdient.

Die kleine Waldfee fühlte sich ganz und gar nutzlos. Einige Menschen, die ihr helfen wollten, sagten, dass sie sich vermutlich so nutzlos fühlt, weil sie weder lesen noch schreiben kann. Jeder sich selbst respektierende Bürger des Landes solle Lesens und Schreibens mächtig sein!

Also ging die Waldfee in die Erwachsenenschule und begann Lesen und Schreiben zu lernen. Aber so sehr sie sich bemühte, hatte sie immer noch nicht das Gefühl nützlich zu sein. Und selbst nachdem sie die Schule abgeschlossen hat und lesen und schreiben konnte, verstand sie, dass sie immer noch nicht nützlicher war als die Grundschulkinder, von denen man aber gar keinen Nutzen erwartete.

Am meisten hat aber die Waldfee darunter gelitten, dass ihr Menschen-Mann keine Zeit mehr für sie zu haben schien. Auch er fand, dass sie mal ruhig sich nützlich machen könnte und aufhören, zu Hause zu sitzen, und eben nach einer Position Ausschau halten sollte. Es war keine Rede davon, dass sie eine „anspruchsvolle" Position haben könnte. Einsam, verloren und traurig saß die kleine Waldfee in der großen Wohnung ihres Ehemannes und fühlte sich wie in einem Alptraum gefangen.

So konnte nicht weiter gehen. Die Waldfee lehnte sich in ihrem Sessel zurück und erlebte in Gedanken ihre Jahre mit diesem Mann noch einmal. Es ist ihr aufgefallen, dass sie schon seit einer Ewigkeit nicht mehr gesungen hat; es ist ihr aufgefallen, dass sie die Kleider trägt, die sie nicht mag, nur um ihre Flügel zu verdecken; und sie musste zugestehen, dass die Liebe zwischen ihr und ihrem Mann einfach nicht mehr da war.

Andererseits, sie gewöhnte sich an das Leben in der Stadt. Ihr gefiel es durch die Straßen zu bummeln. Die Grünanlagen erinnerten sie an Ihre Jugend im Wald. Es gefiel ihr, dass es so viele Menschen um sie herum gab, mit denen sie sprechen konnte. Und dann fühlte sie sich nicht mehr so einsam.

Die Waldfee stand auf und stellte sich vor den Spiegel. Sie zog ihr Kleid aus und betrachtete ihre Flügel, die seit Jahren nicht mehr trainiert wurden. Ob sie noch fliegen kann? Der Gedanke ans Fliegen kam in den Sinn und wie eine Tsunamiwelle wurde größer und größer, bis die Waldfee nur noch daran denken konnte.

Die Waldfee hatte eine Idee! Schnell zog sie sich wieder an und ging aus dem Haus. Sie kaufte sich das wunderschönste Kleid, das sie in einem der Schaufenster seit langem bewundert hatte. Es hatte einen richtig tiefen Ausschnitt auf dem Rücken, so dass ihre Flügel absolut frei waren. Das Kleid hatte Farben, die mit den Regenbogenfarben ihrer Flügel und auch mit ihren braunen Augen und Haaren harmonierten. Die Waldfee war glücklich. Sie zog das Kleid an und flog aus dem Laden direkt ins Freie.

Die Menschen schauten erstaunt zu ihr über, Jugendliche filmten sie mit ihren Smartphones und stellten sofort ins Netz. Die Fernsehreporter wollten ein Interview mit ihr haben. Die ganze Welt war plötzlich an ihr interessiert.

Und die kleine Waldfee lernte eine wichtige Lektion:

Alles, was sie brauchte, war schon immer in ihr vorhanden. Um glücklich zu sein, musste sie einfach sie selbst bleiben.

Wir wissen nicht, ob sie jemals zu ihrem Menschen-Mann zurück kam. Das ist auch nicht so wichtig. Wichtig ist, dass die Waldfee seitdem wirklich glücklich war.

Sie verstand, dass genau wie sie war, war sie für diese Welt am nützlichsten. Ihre Gabe war die größte Gabe, die Menschen dieser Stadt je erhalten haben.

Nach wie vor flog die Fee in den Wald, stellte die Salben her und heilte damit die Tiere im Wald und die Menschen in der Stadt, falls sie sich mal verletzt oder erkältet haben. Ihre Position war eine der wichtigsten und angesehensten Positionen in der Stadt, doch daran verlor die Fee keinen Gedanken – das war ihr egal. Sie freute sich, dass sie nun einfach so los singen konnte; dass sie Kleider tragen konnte, die ihr gefielen. Und sie liebte es mit Menschen und Tieren um sie herum plaudern und lachen.

Doch etwas war anders: Unsere Fee hatte nämlich ein neues Hobby. Wenn die Sonne unterging, flog sie in ihr kleines Häuschen, das direkt zwischen der Stadt und dem Wald stand, schaltete ihre Leselampe an und vertiefte sich in die spannendsten Geschichten, die je geschrieben wurden. Sie konnte ja jetzt lesen…

Lasse nie zu, dass die begehrenswerte Frau in Dir, in die sich Dein Mann eines Tages verliebt hatte, verschwindet.

Bleib vor allem Dir selbst treu.

ÜBUNG

ACHTE AUF DEINE ZIELE

- Hole Deine alten Fotos heraus und überlege, welche Träume Du vor 5, 10 oder 20 Jahren hattest und ob Du sie realisieren konntest.
- Schreibe Deine aktuellen Träume und Ziele auf.
  Die Forscher konnten nachweisen, dass Menschen, die ihre Ziele aufschrieben, diese nicht nur viel schneller erreichten, sondern auch viel erfolgreicher darin waren, als Menschen in einer Vergleichsgruppe, die ihre Ziele nicht aufschrieben.
- Spreche mit Deinem Partner über Deine Träume und Ziele.
- Spreche mit Deinem Partner über seine Ziele, Interessen, Träume und motiviere ihn diese zu erreichen. Menschen, die großzügige Unterstützung des Partners erfahren, fühlen sich freier und unabhängiger. Dein Partner wird sich geschätzt und sicher fühlen und Eure Beziehung erfährt plötzlich ein neues Hoch.

Investiere Zeit in Dich - finde heraus, was Dir Spaß macht

> *„I am who I am. Not who you think I am. Not who you want me to be. I am me.*
> *Brigitte Nicole*

Nehme Auszeit - nur für Dich selbst!

Die meisten Menschen fürchten sich vor Einsamkeit. Dabei macht die Einsamkeit das schöne Zusammensein erst möglich. So wie Licht und Schatten zusammengehören, so brauchen Menschen ihre Einsamkeit manchmal genau so dringend wie die Geselligkeit.

Wenn man allein ist, lösen sich Gruppenzwänge auf. Du bist richtig frei und lernst Dich selbst kennen. Worauf hast Du Lust? Was macht Dir richtig Spaß? Niemand kann Dich in dieser Zeit auf irgendeine Weise beeinflussen. Wenn Du allein bist, bist Du – Du selbst. Du unternimmst Sachen, die Dir garantiert gefallen – ohne Wenn und Aber.

Egal, wie nett der Mann an Deiner Seite ist - unbewusst neigen wir alle dazu uns unserem Partner zu Liebe zu verstellen. Wir sehnen uns nach Harmonie und es ist völlig normal, dass wir auf diese Art und Weise versuchen, die Harmonie herzustellen.

Es ist schön, dass Du Kompromisse eingehst. Es ist schön, dass Du neue Sachen ausprobierst. Deswegen bereichert Dich Dein Partner doch. Wichtig ist aber dabei sich selbst nicht zu verlieren: Wichtig ist zu wissen, was Du selbst wirklich magst, was Dir selbst Freude bereitet.

Ist Dir schon mal passiert, dass Du ihm zugehört hast, auch wenn Du kein Interesse an dem Thema hattest; mit ihm Dinge unternommen hast, die Du so niemals allein unternommen hättest? Möglicherweise hast Du Dir sogar eingeredet, dass sie Dir Spaß machen. Aber würdest Du dasselbe auch unternehmen, wenn Du allein wärst?

Wenn Du Dir nicht sicher bist, gönne Dir eine Auszeit. Lerne Dich selbst kennen.

Nehme Dir einige Tage oder einige Wochen Zeit, die Du ganz allein (oder mit Deiner besten Freundin, mit einer Reisegruppe oder einem Verein – Hauptsache, es macht Dir Freude) verbringen kannst.

Gestalte diese Zeit, wie es Dir gefällt. Versuche neue Sachen und bilde Dir Deine Meinung darüber. Niemand kann diese Deine Meinung beeinflussen. In dieser Zeit bist Du richtig frei.

ÜBUNG

SEI AUFMERKSAM ZU DIR UND DEINEN BEDÜRFNISSEN

- ❖ Am besten, Du führst Dein Tagebuch auf der Reise und hältst Deine Erlebnisse täglich fest. So wirst Du Dich an sie besser erinnern, wenn Du wieder in Deinen Alltag eintauchst.
- ❖ Solche Auszeit kannst Du machen, so oft und so lange Du das brauchst. Wenn Du weißt, was Du willst, wirst Du Selbstsicherheit ausstrahlen, die unwiderstehlich ist.
- ❖ Bist Du wieder daheim, erzähle Deinem Partner Geschichten über Deine neuen Erfahrungen. So bereicherst Du ihn und nährst Deine Beziehung.
- ❖ Durch die kurze Trennung hast Du Dich für ihn rar gemacht und wieder gezeigt, wie bedeutsam Du bist. Genieße die Zweisamkeit jetzt in vollen Zügen!

Die Liebesgeschichten, die in die Geschichtsbücher eingingen

„Gemalte Bilder halten den Augenblick fest.
Gesprochene Bilder lassen Raum für Fantasie."
Brigitte Berkenkopf

Wir wissen von Frauen, deren Liebesgeschichte in die Geschichtsbücher einging: Kleopatra, Marquise de Pompadour, Kaiserin Theophanu[1] und viele andere.

Es gibt etwas, was allen diesen Frauen gemein ist:

- ❖ Sie sind anmutig und charmant
- ❖ Sie sind gebildet, sprechen mehrere Sprachen, verstehen Politikführung und Diplomatie, sind geschickt im Handel und, wenn notwendig, sogar in der Kriegsführung
- ❖ Darüber hinaus wissen sie um ihren Wert und sind hartnäckig im Erreichen Ihrer Ziele
- ❖ Im privaten Umfeld kannte man sie als spielerisch, fantasievoll und scharfsinnig. Sie verstanden es die

---

[1] Theophanu war eine byzantinische Prinzessin, die dem Kaiser Otto II. aus politischen Gründen zur Frau gegeben wurde. Die Überlieferungen geben jedoch das Bild eines harmonischen und fürsorglichen Liebespaars wieder, das in guten und in schlechten Zeiten zu einander stand. Theophanu war eine der einflussreichsten Herrscherinnen des Mittelalters.

mächtigsten und interessantesten der Männer zu ihren Verbündeten zu machen

Gehen wir doch noch einmal alle diese Punkte durch.

Die erfolgreichen Verführerinnen waren anmutig und charmant

Die erfolgreichen Frauen achteten auf Ihren Körper, ihren Style und ihre Haltung. Mit jedem Lebensjahr gewannen sie an Erfahrung und wurden geübter und schöner. Die Zeit schien für sie nicht zu existieren. Sie überraschten immer wieder mit ihrem jugendlichen Aussehen und Grazie.

Als eine Frau geboren, trägst Du die Fähigkeit, begehrenswert und anmutig zu sein, bereits in Dir.

Die erfolgreichen Frauen waren gebildet

Ausnahmslos waren die großen Verführerinnen intelligent und gebildet. Sie verstanden, wie ihre eigenen Stärken und die Stärken ihres Partners sich gegenseitig ergänzen konnten. Sie standen niemals im Konkurrenzverhältnis zu ihrem Verbündeten. Sie hörten ihm zu, feuerten ihn an und beflügelten ihn. Oft waren diese Frauen erfolgreiche Politikerinnen, Strateginnen und erstaunlich geschickte Diplomatinnen.

Madame de Pompadour förderte zahlreiche Intellektuelle und Künstler, darunter Schriftsteller und Philosophen Voltaire und Jean-Jacques Rousseau, Maler François Boucher und Jean-Marc Nattier, Naturwissenschaftler Jean Baptiste le Rond d'Alembert und viele andere. Außerdem leitete sie ein kleines Theater, nahm aktive Rolle in Projekten wie der Gründung der Militärakademie für Söhne der im Krieg gefallenen Offiziere sowie dem Bau der Schlösser. Sie nahm Einfluss auf militärische Führung, Gesetze und strategische Planung im französischen Königreich.

Abbildung 8 François Boucher: Madame de Pompadour

DIE ERFOLGREICHEN FRAUEN WUSSTEN UM IHREN WERT

Abbildung 9 Statue der Theophanu vor der Marktkirche in Eschwege

Die Heirat der Kaiserin Theophanu war eine politische Heirat.

Otto der Große suchte die Gunst des byzantinischen Reichs und bat den byzantinischen Kaiser ein um das andere Mal eine Prinzessin für die Heirat mit seinem Sohn Otto II. zu senden.

Theophanu war nicht die erwünschte Prinzessin. Sie war nur die Nichte des abgesetzten Kaisers Nikephoros. So gab es kritische Stimmen im Reich, die verlangt haben, sie zurück zu senden.

Aber Theophanu wusste, dass nicht ihre Abstammung ausschlaggebend für ihren Erfolg sein würde, sondern ihre Persönlichkeit. Sie präsentierte sich als ein Gewinn für das Kaiserreich und für die kaiserliche Familie. Sie verkörperte Intelligenz, für damalige Zeit moderne aufgeklärte Denkweise, Charisma, Verbindlichkeit und Treue.

Der Kaiser Otto I. entschied sich Theophanu mit seinem Sohn Otto II. zu vermählen.

Die Überlieferungen berichten von einer schönen gebildeten Frau, die ihrem Mann in jeder Hinsicht zur Seite stand. Theophanu reiste mit ihm durch das Land, führte Verhandlungen und sicherte die Einigkeit des Kaiserreichs.

Sie brachte byzantinische Kultur ins Land. Immer elegant gekleidet, bestimmte sie die Modetrends.

Obwohl die Ehe aus politischen Gründen geschlossen war, zeugen zahlreiche Dokumente von der innigen Liebe zwischen dem Paar. Aus der Ehe gingen fünf Kinder hervor.

Nach dem plötzlichen Tod von Otto II. gelang es Theophanu, ihrem Sohn Otto III. den Kaiserthron zu sichern. Durch ihre weisen Verhandlungsstrategien machte sie sogar aus Rivalen Verbündete. Sie galt als eine der reichsten Frauen der Welt.

ERFOLGREICHE FRAUEN WAREN SPIELERISCH, FANTASIEVOLL UND SCHARFSINNIG

„Die Fantasie ist Vorläufer und Nachfolger aller Tatsachen."
Horst A. Bruder

Kleopatra und Markus Antonius waren bekannt dafür, wie gerne sie gespielt haben. Manchmal verbrachten sie ganze Tage und Nächte auf der Suche nach Abenteuern.

Aber auch das Paar, das sie verfilmt hatte - Elizabeth Taylor und Richard Burton -

Abbildung 10 Szene aus "Cleopatra" mit Elizabeth Taylor und Richard Burton

erlebte nicht minder leidenschaftliche Liebe, die über die Jahre gehalten hat. Die beiden sind während der Dreharbeiten zu Cleopatra begegnet und fühlten sich sofort zu einander angezogen.

Wie kam es dazu, dass sie beinahe ähnliche Liebesgeschichte, ähnliche Emotionen wie ihre Helden erlebt haben? Ist das ein Zufall? Ich glaube nicht. Durch ihre Vorstellungskraft identifizierten sie sich mit ihren Rollen so sehr, dass auch ihre Liebe zur Realität wurde.

Mit Fantasie erlebst Du die aufregendste Liebesgeschichte aller Zeiten.

Übung

Deine Gedanken

Unsere Gedanken beeinflussen die Art und Weise, wie wir leben und wie wir das Leben wahrnehmen.

So frage Dich: Was denkst Du über Dich selbst? Bist Du schön? Bist Du bezaubernd, begehrenswert, sexy? Ich bin mir sicher: Das bist Du! Wiederhole das jeden Tag, wenn Du vor dem Spiegel stehst, sag Dir das in Gedanken auf Deinen Fahrten zur Arbeit und zurück – immer, wenn Du wartest, nutze die Zeit und pflege positive Gedanken über Dich selbst. Das ist ENORM WICHTIG!!!

Teil 4: Genieße das Spiel

"Die ganze Welt ist Bühne und alle Frauen und Männer bloße Spieler, sie treten auf und gehen wieder ab."
William Shakespeare

Berührungen

Liebe ist Berührung – innerlich wie äußerlich.
Irina Rauthmann

Wenn ein kleines Kind – unabhängig davon, ob ein Mädchen oder ein Junge – geboren wird, wird es normalerweise in Liebe gebadet, geküsst, gestreichelt und liebkost... Mädchen wachsen auf und nichts in dieser Hinsicht ändert sich: Weiterhin ist nichts dabei, wenn wir uns umarmen und trösten, und ein Küsschen auf die Backe geben. Bei uns, Frauen, ändert sich dieses Verhalten mit 7, 10, 20 und auch mit 40 Jahren kaum.

Mit kleinen Jungen sieht das anders aus. Heutzutage mag sich etwas in der Jungenerziehung ändern, aber Männer ab 30 hatten noch in ihrer Kindheit Sprüche wie „Indianer kennt keinen Schmerz" gehört und viel zu wenig an liebevollen Berührungen erlebt.

Auf diese Weise ist es nicht verwunderlich, dass die meisten Männer so sensibel auf die Berührungen reagieren. Sie sind einfach hungrig danach.

Auch das können wir, Frauen, nutzen...

Wenn Du schaffst, Deinem Partner ein geeignetes Maß an liebevollen Berührungen zu geben, erzeugst Du dadurch zwischen Euch eine magische Atmosphäre der Nähe und der Vertrautheit...

Wenn Du etwas erzählst, erklärst oder zeigst, **verleihe Deinen Worten mehr Gewicht dadurch, dass Du Deinen Mann berührst.**

Berühre ihn nicht zufällig, sondern wirklich fokussiert und auf die Situation bezogen. So versteht er, dass Du ihm etwas mitteilst, was Dir wichtig ist. Berühre ihn in sozial gestatteten Stellen wie Oberarm, Schulter oder Rücken und beobachte seine Reaktion. Wenn Du siehst, dass es ihm unangenehm ist, brich die Taktik sofort ab. Nur wenn Du siehst, dass er lächelt, entspannt aussieht, gut drauf ist, wiederhole die Berührung an einer anderen Stelle.

Die Stellen, die Du berührst, sollten nicht vorhergesehen werden können. So hältst Du ihn in Spannung.

Berühre ihn immer mit einer weichen, warmen Handfläche, unschuldig, zärtlich und leicht wie eine verspielte Katze, nur eine Sekunde lang, mit dem Ausdruck der Ruhe und der Selbstverständlichkeit.

Sprache

„Ich kann zwei Monate von einem netten Kompliment leben."
Mark Twain

AUS DER FORSCHUNG

POSITIVE STREITKULTUR

Die Forscher von dem Relationship Research Institute in Seattle haben Sprachverhalten der Paare untersucht. Sie ließen Paare über ein Thema diskutieren, bei dem sie sich **nicht einig waren**.

Dabei stelle sich heraus, dass Paare, die miteinander freundlich umgegangen sind, drei Jahre später immer noch zusammen waren.

Das Verhältnis von positiven und negativen Aussagen betrug bei ihnen 5:1.

Die Paare, deren positive und negative Aussagen im Verhältnis 1:1 standen, waren nach drei Jahren getrennt.

Aus diesem Beispiel kannst Du lernen, wie wichtig Dein emotionaler Zustand ist. Insbesondere in einer Streitsituation ist es wichtig das große Ganze nicht aus den Augen zu verlieren – worauf es letztendlich ankommt: Liebe, Zweisamkeit und Unterstützung.

ÜBUNG

Wie Du in einer Stresssituation gefasst und selbstsicher bleibst

- Wenn Du mit Deinem Mann sprichst und merkst, dass Ihr Euch langsam in einen Streit hinbewegt, mach eine Pause, atme tief ein und aus und ändere physisch Deine Position im Raum. **Lenke Deine Aufmerksamkeit auf Deine Umgebung – die Formen, die Farben, die Geräusche und die Gerüche.** Wenn Du alle Deine Sinne nutzt, wirst Du Dich seelisch entspannen und offen für Perspektivenwechsel werden.

- **Versuche das Streitobjekt aus seinen Augen heraus - aus seiner Perspektive - wahrzunehmen.** Dein Ziel ist jetzt **mindestens 3 positive Gründe** zu finden, warum er seine Meinung vertritt oder sich auf die oder andere Weise verhält.

- **Geh IMMER davon aus, dass Dein Mann eine positive Intention mit seinem Handeln verfolgt.** Denn am Ende des Tages alles, was er möchte, ist Dich glücklich zu sehen. Bitte, würdige das.

- **Überlasse ihm die Verantwortung für das, was er macht.** Solltest Du glauben, dass er gerade einen Fehler macht, behalte bitte Deine Meinung bei Dir. Zum einen, Du kannst es nicht wissen. Zum anderen, selbst wenn das ein Fehler ist, wird er daran wachsen. Es ist sein Fehler und jeder – auch Du – hat das Recht auf eigene Erfahrungen und eigene Fehler.

Ich bitte oft meinen kleinen Sohn mir über seine Fehler zu erzählen, die er in der Schule gemacht hat. Und ich lobe ihn dafür. Damit möchte ich erreichen, dass er keine Angst vor Fehlern hat. Ich bringe ihm bei, seine Fehler als Chance zu sehen, Erfahrungen zu machen und daraus zu lernen.

Wissenschaftler haben nachgewiesen, dass fehlerresistente Menschen erfolgreicher sind: Sie lassen sich nicht durch ihre Niederlagen entmutigen und demotivieren. Wenn wir gegenüber unseren Fehlern resistent sind, versuchen wir aufs Neue, immer und immer wieder, das zu erreichen, was wir wollen. Wie ein Baby, das Laufen lernt: Was wäre, wenn wir damals Angst hätten Fehler zu machen? Wir würden immer noch auf dem Bauch kriechen. Genau so ist das mit jedem anderen Ziel: In der Schule, im Studium, im Business, in unserem Privatleben – aus unseren Fehlern lernen wir das größtmögliche Potenzial zu erreichen.

ÜBUNG

MACHE IHM KOMPLIMENTE!

Wir, Frauen, sind es gewohnt Komplimente zu bekommen. Nicht so die Männer. Du wirst von allen anderen Frauen abheben, wenn Du Deinem Mann (und allgemein jeder anderen Person in Deinem Leben) hin und wieder **ein ernst gemeintes Kompliment** aussprichst.

Diese Wertschätzung wird in ihm ein Feuer aufflammen: Er wird versuchen, Deine gute Meinung von ihm zu unterstützen, indem er sich noch mehr ins Zeug legt.

Ernst gemeinte Komplimente sind eine unglaubliche Motivation.

Bitte, ziehe dabei keine Vergleiche. Sage niemals: „Du siehst wie XY aus". Das ist kein Kompliment für ihn. Schließlich hat er nichts dazu beigetragen. Sage ihm stattdessen, zum Beispiel, dass er ganz toll eingekauft hat und dabei an Sachen gedacht hat, an die Du selbst nicht dachtest. Was meinst Du: Mit welcher Freude wird er nächstes Mal wieder einkaufen gehen?

Atmung

"Life is not measured by the number of breaths we take, but by the moments that take our breath away..."
Vicky Corona

Atmung wird oft mit dem Leben selbst gleichgesetzt: Mit dem ersten Atemzug beginnt das Leben und mit dem letzten endet es.

Obwohl das Atmen ein so natürlicher körperlicher Prozess ist, ist er gleichzeitig der einzige körperliche Vorgang, der willentlich gesteuert werden kann.

Mit der bewussten Atmung wird die Aufmerksamkeit auf körperliche Empfindungen gelenkt. So lernst Du, die Signale Deines Körpers besser wahrzunehmen. Die Atmungstechniken wie Meditation und Yoga fördern die Intuition und die Konzentrationsfähigkeit. Bereits seit Jahrtausenden wurde die Atmung in den östlichen Religionen erfolgreich zu Heilungszwecken eingesetzt.

Aus der Forschung

Wie Du mithilfe deiner Atmung einen „Flow"-Zustand erreichen kannst und warum dieser Zustand Deiner Jugend und Vitalität beiträgt

Die letzten medizinischen Forschungen haben nachgewiesen, dass die Zellen des Körpers eines Menschen sich regelmäßig regenerieren: Die alten Zellen sterben ab, und die neuen Zellen werden geboren.

Auch die Gehirnzellen werden auf diese Weise regeneriert. Die Wissenschaftler sprechen von der **„neuronalen Plastizität"**: Der Anpassungsfähigkeit des Gehirns an die sich ständig ändernden Lebenssituationen. Das limbische System – das emotionale Zentrum der Menschen – verändert sich normalerweise schneller, der Neokortex – der Sitz für den Verstand und die Vernunft – langsamer.

Wenn ein Gleichgewicht zwischen dem limbischen System und dem Neokortex erreicht wird, spricht man von dem optimalen **„Flow"-Zustand**, in der medizinischen Literatur auch **„Herzkohärenz"** genannt.

Da die Zellen des Gehirns sich im Flow-Zustand regenerieren, bedeutet das nichts anderes, dass der Alterungsprozess in diesem Moment sich verlangsamt. Du erreichst einen Zustand, in dem Du Dich am wohlsten fühlst und in dem Du am attraktivsten für andere Menschen bist.

Der Flow-Zustand ist eine optimale Abstimmung von Herzfrequenz, Blutdruck und Atmung, was durch meditative Techniken, Yoga, Joggen, kreatives Arbeiten erreicht werden kann.

Dieser Zustand ist mit einem Glücksgefühl verbunden: Die Neurotransmitter Oxytozin und Dopamin werden ausgeschüttet, was beruhigend und ausgleichend wirkt und neue synaptische Verbindungen schafft. Die neuronale Plastizität kann ganze Hirnareale betreffen. Sie bewirkt eine Leistungssteigerung des Gehirns und hat eine heilsame Wirkung auf den Körper und die Psyche.

Du wirst gegen Stress resistenter; Du wirst in die Lage versetzt, Dich auf Dein Tun zu konzentrieren; die Zeit hört auf zu existieren; die Handlung und das Bewusstsein verschmelzen ineinander; das Gefühl der Euphorie führt zu Deinem Wohlbefinden.

Um den „Flow"-Zustand zu erreichen, müssen sich also Herzfrequenz, Blutdruck und Atmung in Gleichgewicht befinden.

Weil wir nur die Atmung willentlich beeinflussen können, ist sie für uns so wichtig:

> **Die Atmung ist der Schlüssel zum Flow-Zustand, Deiner Attraktivität und Deiner Gesundheit.**

ÜBUNG

"FLOW"-ZUSTAND

Gewöhne es Dir an, eine Stunde täglich nur Dir selbst zu widmen.

Als ein mögliches Beispiel für solche Stunde stelle ich Dir folgende Übung vor: die Morgenroutine. Ich genieße meine Morgenroutine. Für mich ist sie eine unglaubliche Quelle der Energie. Ich integriere das bewusste Atmen in diese Stunde.

Und so sieht meine Morgenroutine aus:

- ❖ Ich gehe raus, entweder um zu joggen oder um langsam zu laufen
- ❖ Ich atme im Rhythmus meiner Schritte
- ❖ Ich visualisiere meine Ziele

Dadurch erreiche ich mindestens vier Ziele gleichzeitig:

- ❖ Bewegung macht meinen Körper fit und schlank
- ❖ Atmung versetzt in den "Flow"-Zustand, sorgt für Vitalität und erzeugt positive Gefühle

- Durch mentale Bilder motiviere ich mich, meine Ziele zu erreichen
- Und wenn ich langsam laufe, trainiere ich auch noch meine "königliche Haltung" und den "Gang einer Katze"

Du kannst diese Morgenroutine nutzen oder Deine eigene entwickeln. Wenn Du Deinen Tag 3 bis 5 Mal in der Woche damit beginnst, wirst Du Ergebnisse sofort spüren. Du wirst intensiv an Deinen Zielen arbeiten und dennoch entspannt, ausgeglichen und optimistisch bleiben.

- Falls Du das nicht schon bereits tust, möchte ich Dir die Meditation und das Yoga ans Herz legen.
- In Bezug auf Deinen Partner möchte ich Dir folgende Übung vorstellen:

Beobachte Deinen Mann kurz und fange an **im gleichen Rhythmus zu atmen**.

Nach nur ein paar Minuten kommt Ihr in den gleichen Zustand.

Dieses Gefühl ist im wahrsten Sinne „atemberaubend". Ihr kommt Euch näher, ohne zu wissen, warum. Ihr seid im Rapport.

Du kannst diese Technik in jeder Situation nutzen: Beim Entspannen, beim Sport, beim Sex – Ihr beide werdet im „Flow" sein, was sich fast schon surreal anfühlt.

Erschaffe Rituale - Beziehungsanker

Rituale begleiten uns seit unserer Kindheit. Sie geben uns Orientierung und Sicherheit, helfen bei der Entscheidungsfindung, fördern das Gefühl der Zusammengehörigkeit.

In einer Beziehung können Rituale zu einer besonderen Kommunikation werden – der Insider Sprache, die niemand versteht, der nicht dazu gehört. Das erschafft Intimität und verleiht der Kommunikation eine Prise Verspieltheit.

Viele glückliche Paare entwickeln eigene individuelle Rituale. Sicherlich hast Du in Deiner Partnerschaft auch einige.

Übung

ERSCHAFFE BEZIEHUNGSRITUALE

- ❖ Beobachte Deine Beziehungsrituale aufmerksam und überlege, welche davon Du beibehalten und weiterhin pflegen möchtest.
- ❖ Achte auf die täglichen positiven Momente wie gemeinsam lachen, reden, gemeinsamen Interessen nachgehen.
- ❖ Zelebriere Sonntagsmorgen, indem Du Dir und Deinem Partner einen Kaffee oder Tee ins Bett bringst.
- ❖ Strahle, wenn Du Deinen Partner mit einem Kuss begrüßt. Das ist ebenfalls ein Ritual!
- ❖ Mache einen Tag in der Woche zum Tag der Zweisamkeit – nur für Euch zwei.
- ❖ Achte auf tägliche kleine Zeichen der Aufmerksamkeit: Eine nette Nachricht in der Mittagspause, sein Lieblingsbrot aus der Bäckerei holen, ein kleines Kompliment machen oder einfach über die Haare streicheln und umarmen. Rituale schaffen nette Gewohnheiten – Kleinigkeiten, die den Alltag bereichern.
- ❖ Viele Paare haben ein gemeinsames Lieblingslied, das wie ein Anker funktioniert: Jedes Mal, wenn Du die Musik hörst, denkst Du an Eure Beziehung. Alles, was für Euch eine Bedeutung hat, kann diese Rolle erfüllen: Das Restaurant,

Verliebe Dich in Deinen Partner Neu!

wo Ihr Euch kennengelernt habt, das Parfum, das Du trägst, die Abendrituale, die gemeinsamen Mahlzeiten.

© 2018 Life Culture Publishing

Erschaffe magische Momente – Deine persönlichen Erinnerungen

> *"We feel most comfortable when things are certain, but we feel most alive when they're not."*
> *Lee Ann Renninger*

Woran möchtest Du Dich erinnern, wenn das alles – ich meine das Leben – vorbei ist?

Woher willst Du wissen, dass Dein Leben sinnvoll war? Was definiert überhaupt ein sinnvolles und erfülltes Leben?

Viele Menschen würden sagen, dass dies zwischenmenschliche Beziehungen sind. Alles, was uns erfüllt und bewegt; alles, was die tiefsten Emotionen auslöst und uns einen Sinn und eine Richtung gibt, hat mit Menschen in unserem Leben zu tun.

Die Qualität Deiner Beziehungen bestimmt also die Qualität Deines Lebens.

Wenn Du an Dein Leben zurückdenkst, wirst Du feststellen, dass Du Dich nicht an alles, sondern an bestimmte Ereignisse erinnerst. Unser Gedächtnis ist sehr selektiv: Nur die wichtigen Ereignisse werden darin langfristig gespeichert.

Wenn Du mit älteren Menschen sprichst, wirst Du bestimmt mit Erstaunen feststellen, wie gut sie sich an Ereignisse aus ihrer Jugend erinnern können. Warum ist das so?

Die Wissenschaftler Dorthe Berntsen und David Rubin haben die Erinnerungen der Menschen untersucht und herausgefunden, dass 70% aller Erinnerungen auf die Ereignisse aus der Lebensspanne von 15 bis 30 Jahren zurückzuführen sind.

Siehe Dir die von ihnen zusammengestellte Liste der Ereignisse an, an die man sich am besten erinnert:

1. Kinder kriegen
2. Heiraten
3. Schulbeginn
4. Studium
5. Sich verlieben
6. Tod der entfernten Angehörigen
7. Pensionierung
8. Das Elternhaus verlassen
9. Tod der Eltern
10. Der erste Job

Was ist mit dem restlichen Leben? Warum fehlen uns vor allem positive Ereignisse im Leben ab 30? Nur der Tod der Angehörigen, der Tod der Eltern und eigene Pensionierung bleiben meisten Menschen in Erinnerung. Kann es wirklich sein, dass der Sinn des

Lebens schon erfüllt ist? Es fühlt sich jedenfalls nicht so an. Und ist es möglich, dass das Fehlen der positiven Momente für die Routine mitverantwortlich ist? Die Routine, die die Liebe in den Beziehungen auffrisst und das Leben öde und langweilig macht.

Was sollen wir nur tun? Wieder von neu anfangen, indem wir uns scheiden lassen, Arbeit kündigen, auswandern und unseren Lebensunterhalt mit dem Hüten der Schaffe verdienen?

Die Autoren Chip und Dan Heath versuchen in ihrem Buch "The Power Of Moments" die Antworten auf diese Fragen zu finden und appellieren dazu, selbst Initiative zu ergreifen und eigene „Magische Momente" im Leben zu kreieren.

Wie erschaffst Du also unvergessliche Momente in Deinem Leben und im Leben Deiner Liebsten?

Du befolgst einfach einige einfachen Regeln.

REGEL 1: PEAK-END-REGEL

AUS DER FORSCHUNG

PEAK-END-RULE

Die Gedächtnisforscher der University of Canterbury haben anhand der Reisebewertungen festgestellt, dass die Erinnerungen der Menschen wesentlich von zwei Ereignissen während der Reise abhängen: Einem herausragenden Ereignis, dem so genanntem „peak" und dem Ende der Reise – dem „end". Man nennt diese Regel entsprechend „peak-end-rule".

Weitere Forschungen haben gezeigt, dass die Relevanz des peaks für die Menschen mit der Zeit abnimmt und die des ends zunimmt. Das erklären Wissenschaftler damit, dass das Ende des Ereignisses auch das Erreichen des angestrebten Ziels bedeutet.

Stell Dir vor: Du unternimmst eine Reise zum Meer und mietest ein Zimmer im Hotel. Was ist Dein Ziel dabei? Ausgeruht und glücklich nach Hause zu kommen, nicht wahr? Dazu kommt vielleicht, dass Du Deinen Freunden von der Reise erzählen und Deine Eindrücke teilen möchtest.

Wenn Dein Hotel während des Aufenthalts Dich mit einer Schale Obst und einem Glas Sekt in Deinem Zimmer überrascht hat (gratis, versteht sich), wirst Du das wahrscheinlich als erstes erwähnen, wenn Du von Deiner Reise sprichst. Nach einer Weile wird jedoch die Erinnerung überwiegen, die mit Deiner Abreise in Zusammenhang stand: Wie herzlich wurdest Du verabschiedet? Wie freundlich und hilfsbereit waren die Hotelmitarbeiter? Wie bequem hast Du den Flughafen erreicht?

Wenn das Ende dieser Reise in Dir warme Nostalgiegefühle auslöst, wird Deine Bewertung positiv ausfallen.

REGEL 2: EMOTIONALITÄT

Erinnerst Du Dich an Deinen ersten Kuss?

Während die Zeit davor und danach längst verblasst ist, bleiben Ereignisse, die mit starken Emotionen verbunden sind, im Gedächtnis hängen.

Dies liegt unter anderem daran, dass die Bereiche im Gehirn, die für Emotionen (Amygdala) und Gedächtnis (Hippocampus) verantwortlich sind, in einer engen Beziehung zueinander stehen.

Der Botenstoff Noradrenalin, der bei emotionalen Ereignissen ausgeschüttet wird, fördert auch die Gedächtnisbildung.

So, Menschen, zum Beispiel, die an einer seltenen genetisch bedingten Krankheit leiden – dem Urbach-Wiethe-Syndrom – die durch Verkalkung der Amygdala verursacht wird, haben nicht nur Schwierigkeiten die Emotionen anderer Menschen zu „lesen" und eigene Emotionen auszudrücken, sondern auch ein ausgesprochen schlechtes Gedächtnis.

REGEL 3: ÜBERRASCHUNG UND FANTASIE

Die Experimentalpsychologin *Lee Ann Renninger* beschreibt in ihrem Buch *„Surprise"* eine von ihr durchgeführte Studie über die menschlichen Gesichtsausdrücke. Sie stellte fest, dass Menschen am glücklichsten wirkten, während sie über Überraschungsmomente in ihrem Leben erzählten. Mit viel Humor berichtet sie, dass die Ereignisse nicht unbedingt großartig waren. Teilweise waren sie nicht einmal angenehm, dafür aber lustig und überraschend.

Als Beispiel gibt sie folgendes Interview: Emotional und lachend beschrieb eine Frau, wie der Absatz eines ihrer Hochzeitschuhe direkt während der Zeremonie abbrach und wie sie mit dieser Situation klarkommen musste. Sie erzählte aufgeregt, wie sie es gemeistert hat zu ihrem zukünftigen Mann auf dem abgebrochenen Schuh zu laufen und wie die Gäste geschmunzelt haben und plötzlich anfingen ihr auf ihrem Weg zu applaudierten.

Ihre Augen leuchteten: Nicht, dass der abgebrochene Absatz bei der Hochzeit einer Traumvorstellung entspricht. Aber dieses ungeplante und unkontrollierte Ereignis hat sie und ihre Gäste dazu bewegt, eine spontane und erfrischende Reaktion zu zeigen. Diese Reaktion brachte sie zusammen und drückte ganz unerwartet Humor, Unterstützung, Verständnis und Liebe aus.

Wenn wir uns in Sicherheit wiegen, fühlen wir uns komfortabel, aber lebendig fühlen wir uns dann, wenn wir verunsichert sind.

Wenn Du also magische Momente in Deinem Leben kreieren möchtest, musst Du folgende Regeln beachten:

- Deine magischen Momente enthalten **einen emotionalen Höhepunkt und ein bewegendes Ende**, das die Seele wärmt.
- Deine magischen Momente sprechen **Emotionen** an.
- Sie regen **Fantasie** an und beinhalten einen **Überraschungseffekt**.

ÜBUNG

Mache Dir die Magie der besonderen Momente bewusst

- In Deinem Leben gibt es eine Menge magischer Momente. Du musst lernen sie wahrzunehmen und gebührend zu würdigen. Mache es Dir zu Gewohnheit täglich mindestens drei schöne Ereignisse zu finden und Dich dafür zu bedanken.
- Die Ereignisse bleiben in Erinnerung dann, wenn Du eine starke Reaktion auf positive Momente zeigst und sie **damit herausragend machst**.

Konzentriere Dich auf dem Positiven in Deinem Leben und zelebriere es. Wenn Du, beispielsweise, ein Geschenk von Deinem Mann erhältst, zeig Deine Freude **überschwänglich.** Lobe ihn und sag, wie glücklich er Dich macht.

- **Überrasche!** Markiere in Deinem Kalender Daten nach Zufallsprinzip, an denen Du Deinen Mann überraschst. Männer lieben Überraschungen! Er wird möglicherweise sein Leben lang daran erinnern, wie sprachlos er dastand, als er Dich, beispielsweise, plötzlich in einem sexy Outfit beim Geschirrspülen erblickt hatte.

Jede gute Überraschung muss vorbereitet sein. Aus diesem Grund brauchst Du diesen Eintrag im Kalender: Du willst ja nicht, dass Du aus Bequemlichkeit „vergisst" an Deinem Vorhaben zu arbeiten. Irgendwann könnte es für die Überraschung zu spät sein und Du würdest deine Untätigkeit bereuen. Die Ideen für eine Überraschung sind zahlreich: Von dem romantischen Essen im Bett bis zum Date in einer fremden Umgebung, wo Du Dich in einer absolut neuen Rolle präsentierst: Neues Outfit, neues Make-up, neues Verhalten.

Eines muss aber immer gleichbleiben: Das gute Geschmack und der makellose Style.

Das Spiel der Liebe – Sorge für Freude und Spaß in Eurer Beziehung

"People will never forget how you made them feel."
Maya Angelou

Das verspielteste Liebespaar aller Zeiten war – nach dem griechischen Historiker Plutarch – Kleopatra und Marcus Antonius. Plutarch beschrieb ausführlich, wie sehr Marcus Antonius und Kleopatra genossen haben zu spielen: „Sie spielten zusammen Würfeln; sie jagten und feierten; sie verkleideten sich als Diener und gingen auf die nächtlichen Spaziergänge, und machten allerlei Torheiten."

Besonders spektakulär inszenierte Kleopatra ihr erstes Treffen mit Markus Antonius. Dieses Treffen war Kleopatra sehr wichtig. Davon hingen die Zukunft Ägyptens und ihre eigene Zukunft ab. Sie wollte nichts dem Zufall überlassen. Das Herz dieses Mannes musste auf Anhieb erobert werden.

Das Bild, das Kleopatra vermitteln wollte, war das Bild einer unabhängigen, bestens gebildeten, charismatischen und begehrenswerten Frau – Ihrer Selbst in ihrer besten Version.

Kleopatra war bestens vorbereitet. Sie präsentierte Marcus Antonius Ihre Macht und das Reichtum Ägyptens. Noch mehr setzte sie jedoch auf Ihre Persönlichkeit, ihre magische Anziehung und unwiderstehliche Verführungskünste...

Nachdem sie Markus Antonius ausreichend genug warten ließ, kam Kleopatra über den Fluss in einem Kahn mit purpur-roten Segeln, vergoldetem Heck und Silberrudern. Vergoldete Jungen standen da, verkleidet wie Amoretten, und die Dienerinnen steuerten am Ruder in der Verkleidung der Meerjungfrauen. Kleopatra selbst lag unter einem Baldachin auf einer prächtig geschmückten Liege, gekleidet als ägyptische Liebesgöttin Isis...

Abbildung 11 Das Treffen von Antony und Kleopatra, Lawrence Alma-Tadema, 1884

Historiker erwähnen oft, dass Kleopatra keine Schönheit im klassischen Sinne war, aber sie war charmant, klug und fröhlich. Sie unterhielt ihren Geliebten und machte ihn glücklich, sie war kreativ und besaß eine blühende Fantasie...

Über zwei Tausend Jahre nach ihrem Tod rätseln Menschen über ihr Geheimnis. Was hatte Kleopatra in sich, um die Herzen der wichtigsten Männer damaliger Zeit mit solch einer Leichtigkeit zu erobern?

Es war ihre innere Einstellung, ihre Lebensfreude und ihr Optimismus, die Kleopatra zu einer der begehrenswertesten Frauen aller Zeiten gemacht haben.

Offenbar hat Kleopatra schon sehr früh ihre Begabung gezeigt. Mit 13 Jahren wurde sie von ihrem Vater zur Ko-Regentin ernannt und regierte mit ihm zusammen 4 Jahre lang bis zu seinem Tod. Spielerisch hat sie ihre ersten Erfahrungen in der Politik und - sogar wichtiger - in der Einflussnahme auf die Menschen gemacht. Sie hat von ihrem Vater Bestätigung erhalten, dass sie jeder Herausforderung gewachsen sei, und so war es dann auch.

ÜBUNG

Spiele!

- ❖ Überlege Dir, welche Spiele Du mit Deinem Partner gern spielen würdest?
- ❖ Mit welcher Persönlichkeit – unabhängig davon, real oder fiktiv – Du Dich assoziieren könntest?
- ❖ Welche Attribute dieser Persönlichkeit Du bereits in Dir hast und welche Du gern aneignen würdest?
- ❖ Schreibe Deine Ideen in Dein Tagebuch auf.

Das Spiel der Liebe – Sorge für Freude und Spaß in Eurer Beziehung

Teil 5: Was noch? Auf der Suche nach der tiefsten Verbindung

"Einen Menschen lieben, heißt einwilligen, mit ihm alt zu werden."
Albert Camus

Lerne Deinen Mann besser kennen: Sprache der Liebe

> *"Napoléon wäre ein besserer Mensch gewesen, wäre er besser geliebt worden."*
> Madame de Rémusat[2]

Wie gut kennst Du Deinen Mann tatsächlich?

Der amerikanische Psychologe und Schriftsteller *Dr. Gary Chapman* berichtet in seinem Buch „*Die fünf Sprachen der Liebe*" über Probleme der kurz vor der Trennung stehenden Paare. Ihm ist aufgefallen, dass die Liebe fast immer da war, aber die Vorstellung davon, was die Liebe genau bedeutete, sich sehr stark von Person zu Person unterschied.

Obwohl jeder Mensch mit Liebe in die Beziehung eingeht, bringt jede Person ihre Liebe auf unterschiedliche Art und Weise zum Ausdruck.

Jeder Mensch - laut Dr. Chapman - zeigt und interpretiert die Zuneigung auf individuelle Art und Weise: Wir alle sprechen eine

---

[2] Intellektuelle Hofdame der Kaiserin Joséphine de Beauharnais. In ihren Memoiren und erhaltenen Briefen beschrieb sie den napoleonischen Hof in der Zeit von 1802 bis 1814

etwas unterschiedliche Sprache der Liebe. Obwohl Anerkennung, Lob, Zwiegespräche, körperliche Nähe, Geschenke und Hilfsbereitschaft uns allen sehr wichtig sind, ist das Eine einigen Menschen wichtiger als das Andere.

Möglicherweise fühlst Du Dich dann geliebt, wenn Dein Partner Dir regelmäßig Blumen und kleine Aufmerksamkeiten schenkt. Und gleichzeitig kann es sein, dass sich Dein Mann nach Anerkennung und Lob sehnt.

Indem Du lernst, Deine Zuneigung Deinem Partner gegenüber **IN SEINER SPRACHE** zum Ausdruck zu bringen, motivierst Du ihn dazu, auch Dir das zu geben, was Du brauchst – in Deiner Sprache der Liebe.

Die Sprachen der Liebe nach Dr. Chapman sind:

- ❖ Lob und Anerkennung
- ❖ Zweisamkeit – ungeteilte Aufmerksamkeit
- ❖ Geschenke, die vom Herzen kommen
- ❖ Hilfsbereitschaft
- ❖ Zärtlichkeit und körperliche Nähe

Bei all den Sprachen geht es um nichts anderes als der bewussten Wahrnehmung des Anderen.

LOB UND ANERKENNUNG

Wenn Du siehst, dass Dein Partner **Lob und Anerkennung** genießt, schärfe Deine Wahrnehmung dessen, was er für Dich und Familie tut. Schreibe Deine Beobachtungen auf. Gewöhne es Dir an, **ausschließlich positiv** von ihm zu denken und zu reden, **auch in seiner Abwesenheit!** Das ist extrem wichtig für Deine Beziehung und er wird es spüren.

ZWEISAMKEIT

Die Zweisamkeit bedeutet eine ungeteilte Aufmerksamkeit

Zweisamkeit kann bedeuten, etwas gemeinsam zu unternehmen oder einfach da zu sitzen und zu reden. Während es bei Anerkennung darum geht, was Du sagst, **so geht es bei der ungeteilten Aufmerksamkeit darum, wie Du zuhörst.**

GESCHENKE, DIE VOM HERZEN KOMMEN

Zu allen Zeiten und in allen Kulturen brachten Menschen Ihre Liebe durch Geschenke zum Ausdruck.

Weißt Du noch, wie Du als kleines Mädchen auf Deinen Geburtstag oder Weihnachten gewartet hast; wie Du gerätselt hast, was das wird; wie Du Deine Wunschzettel geschrieben hast? Und als Du etwas größer geworden bist, mit welcher Freude Du Geschenke vorbereitet hast? Wie aufregend es war, sie geheim zu halten und dann auf einen besonderen Moment zu warten, um sie zu überreichen?

Wenn Du Dich in dieser Beschreibung erkennst, ist das Schenken möglicherweise Deine Sprache der Liebe.

HILFSBEREITSCHAFT

Für viele Menschen ist Hilfsbereitschaft die Sprache der Liebe. Wenn Dein Mann Dir hilft, sich im Haushalt einbringt, und auch versucht, bei Deinen Problemen eine Lösung anzubieten, so wird wahrscheinlich dies seine Sprache der Liebe sein. Würdige ihn dafür! Sag, wie sehr Du das schätzt und frage ihn, was Du für ihn tun könntest. Menschen bringen oft ihre Sprache der Liebe zum Ausdruck, indem sie genau in dieser Sprache ihre Liebe zeigen. Es ist wahrscheinlich, dass Dein Mann genau das von Dir erwartet, was er Dir gibt.

ZÄRTLICHKEIT

Zärtlichkeit ist eine unglaublich ausdrucksstarke Sprache der Liebe. Wenn Du Deine Beziehung behalten willst, darfst Du nie, nie, niemals nie, Deinem Mann Deine körperliche Liebe entziehen.

Es gibt nur ein Fall, in dem Du das tust: Wenn Dein Mann gewalttätig ist und Du so schnell wie möglich wegwillst.

In allen anderen Fällen pflege mehr Zärtlichkeit in Deiner Beziehung, nicht weniger. Integriere die Zärtlichkeit in den Alltag mit ein. Berühre Deinen Mann hin und wieder (wie Du das richtig machst, hast Du ja bereits im entsprechenden Kapitel gelernt), umarme ihn vom Rücken aus ganz unerwartet, kuschle mit ihm, flüstere ihm öfter etwas ins Ohr und sei auch in der Öffentlichkeit physisch näher zu ihm als alle anderen.

Du erzählst die Geschichte Deiner Liebe. Du erzählst sie verbal und non-verbal. Und so wie Du sie erzählst, wird Deine Geschichte auch werden…

Dr. Chapman betont in seinem Buch einige wichtigen Voraussetzungen dafür, dass die Arbeit an der Beziehung erfolgreich wird.

Die wichtigste von ihnen ist das Verständnis, dass **die Liebe ein Akt des Willens ist.**

Nachdem sich die erste Verliebtheit gelegt hatte, entscheidest Du Dich jeden Tag aufs Neue Deinen Mann zu lieben.

Lerne Deinen Mann besser kennen: Sprache der Liebe

Die Statistiken sprechen dafür, sich für die Ehe einzusetzen, anstatt sich in eine neue Beziehung zu stürzen, sobald es mal schwierig wird: 40% der Erstehen werden geschieden, 60% der Zweitehen und 75% der Drittehen. Trotz der verbreiteten Meinung, dass man ja trotzdem Eltern bleibt, tragen Kinder traumatische Folgen der Trennungen, oft lebenslang. Es lohnt sich also die Zeit, die Aufmerksamkeit und das Engagement in Deine aktuelle Beziehung zu investieren.

Die Sprache der Liebe Deines Mannes findest Du heraus, wenn Du aufrichtiges Interesse an seinem Leben hast, ihn beobachtest und Fragen stellst.

ÜBUNG

FINDE DIE SPRACHE DER LIEBE DEINES MANNES HERAUS

Frage Deinen Mann, was für ihn Liebe bedeutet? **Was muss passieren, damit er sich geliebt fühlt?** Es ist leicht möglich, dass Du über seine Antwort überrascht sein wirst.

Frage Deinen Mann, auf **welche Weise er sich respektiert und wertschätzt fühlt.** Was muss passieren, damit er dieses Gefühl hat?

Notiere später seine Antworten, Deine Gedanken dazu und die Ideen für die Umsetzung in Deinem Tagebuch.

Vereinbart wöchentlich feste Zeiten, die nur Euch gehören. Schenke Deinem Mann Zuwendung und Aufmerksamkeit, aber drängle nicht. Wenn es ihm nicht nach Reden zumute ist, sprich Du. Während Du über Deinen Tag erzählst, fokussiere Dich auf etwas Schönes oder Lustiges.

Wenn Du ihn zum Schmunzeln bringst, wird er sich entspannen und die Zeit mit Dir einfach genießen.

Es ist sehr wahrscheinlich, dass er danach auch seine Erfahrungen mit Dir teilen wollen wird.

Probiere alle Sprachen der Liebe aus. Es ist nicht so, dass ein Mensch nur Lob und Anerkennung braucht und der andere nur

Zweisamkeit. Wir brauchen alle Sprachen der Liebe – nur in der unterschiedlichen Intensität. Setze Dich also dafür, so viel Liebe zu schenken, wie es möglich ist.

Die Liebe ist die einzige Ressource, die sich mehrt, wenn sie geteilt wird.

Achtsame Kommunikation

> *„[...] alle menschlichen Errungenschaften sind letztlich wertlos, wenn deren Grund nicht die Liebe ist."*
> *Gary Chapman*

Die Kommunikation - verbale und non-verbale - ist somit von entscheidender Bedeutung, wenn es um eine tiefe Verbindung zwischen Menschen geht. Dabei ist es wichtig, dass Du Dich in Deinen Partner „hineinversetzten" kannst und lernst, die Welt sowohl aus Deiner eigenen, als auch aus seiner Perspektive zu sehen.

Beobachte aufmerksam die Situation und Dein Gegenüber, achte darauf, dass sowohl Deine als auch seine Werte und Bedürfnisse erfüllt sind. Ähnlich der großen Königinnen pflege es, achtsam und überlegt zu handeln und zu kommunizieren.

WAS IST ACHTSAMKEIT?

Nach der Definition von *Jon Kabat-Zinn (1982)* ist Achtsamkeit eine bestimmte Form der Aufmerksamkeit, die sich auf den gegenwärtigen Moment bezieht (statt auf Vergangenes oder Zukünftiges) und nicht wertend ist.

Achtsame Kommunikation wäre demnach eine nicht-wertende Kommunikation, bei der Du dein Gegenüber beobachtest ohne zu interpretieren, und versuchst dabei zu decodieren, welche Motive und Bedürfnisse die Person Dir gegenüber haben könnte – warum handelt sie so wie sie handelt.

Für *Dr. Marshall B. Rosenberg*, den Begründer der Gewaltfreien Kommunikation, sind menschliche Bedürfnisse die **Wurzel aller Gefühle**. Außerdem sind sie die **zentralen Motivatoren**:

Alles was Menschen tun, tun sie um ihre Bedürfnisse zu erfüllen.

Bleiben Bedürfnisse unerfüllt, äußert sich dies in unangenehmen Gefühlen. Gefühle funktionieren wie Warnlampen im Auto, die den niedrigen Füllstand eines Bedürfnistanks anzeigen.

Die gewaltfreie Kommunikation geschieht mittels 4 Schritte:
- ❖ Beobachten und wahrnehmen der aktuellen Situation
- ❖ Wahrnehmen und benennen der Gefühle
- ❖ Wahrnehmen und benennen der Bedürfnisse
- ❖ Eine positive, erfüllbare und konkrete Bitte

Ich habe bereits erwähnt, dass Dr. Marshall B. Rosenberg in den Krisengebieten tätig war und der Konfliktbewältigung beitrug. Ein Beispiel solcher Kommunikation könnte folgender Dialog sein:

> „Ich sehe, dass Du Dich zurückziehst. Kann es sein, dass Dich etwas beschäftigt [Wahrnehmung seines Gefühls] und Du in Ruhe darüber nachdenken möchtest [Wahrnehmung seines Bedürfnisses]? Ich mache mir Sorgen [Du kommunizierst über Dein Gefühl], wenn ich Dich so sehe. Und ich möchte Dir eine aufmerksame Partnerin sein [Du kommunizierst über Dein Bedürfnis]. Wenn Du dafür bereit bist, denkst Du, wir könnten uns hinsetzten und darüber reden, was Dich beschäftigt [Bitte]?

Eigentlich, ähnlich dem Konzept der Sprachen der Liebe, geht es auch hier um die bewusste Wahrnehmung des Anderen. Aber auch eigene Bedürfnisse haben denselben hohen Stellungswert. Wenn Du also spürst, dass Du von starken Gefühlen überwältigt bist, frag Dich zuerst, worum es Dir tatsächlich geht: Welches Deiner Bedürfnisse genau ist nicht erfüllt?

Setzte hohe Standards

„Ein Mann ist nur genau so viel Wert wie er seine Frau behandelt."
Sergej Linz

Obwohl Kleopatra politisch auf die Gunst von Markus Antonius angewiesen war, traf sie ihn erst nach mehrmaligen Einladungen seinerseits. Außerdem traf sie ihn unter ihren Bedingungen: Genau so, wie sie das Treffen gestalten wollte. Als geschickte Politikerin wusste sie, wie wichtig die Selbstdarstellung ist. Und sie wusste auch, dass der große Krieger sich nur in eine ihm angemessene Frau verlieben kann. In aller Pracht präsentierte sich Kleopatra dem General – wertvoll, würdevoll, geheimnisvoll und verlockend...

Vergesse also niemals, in keiner Situation, wie wertvoll Du bist.

Mehr noch: Nicht weniger als eine Liebesgöttin Isis präsentierte sich die Königin Kleopatra dem Marcus Antonius bei ihrem ersten Treffen.

Die Wirkung war überwältigend. Der hohe römische Politiker und Krieger verlor nicht nur sein Herz an die ägyptische Verführerin.

Er begegnete sich ihr mit höchstem Respekt und der höchsten Wertschätzung. Daran konnte niemand etwas ändern. Selbst nachdem in Rom Propaganda gegen die Königin betrieben wurde, stand Marcus Antonius zu seiner Geliebten: Er ließ sich für sie von seiner Ehefrau scheiden; er beriet sich mit ihr bezüglich des strategischen Vorgehens im Krieg; er gab ihr zahlreiche Ländereien und er akzeptierte sie als Königin über Ägypten.

Das Geheimnis der Kleopatra und der vielen erfolgreichen Frauen vor und nach ihr, bestand darin, sich selbst als das kostbarste aller Schätze zu präsentieren. Sogar, wenn sie dem Herrscher nichts anzubieten hatte außer ihrer selbst, trat sie mit Würde und Stolz auf.

Sie wusste: Eine Frau ist genau so viel wert in Augen der Anderen, wie viel wert Sie sich selbst beimisst.

Setze hohe Standards! Auch Du bist außergewöhnlich. Du bist einzigartig und verdienst wie eine Königin behandelt zu werden. Sei anspruchsvoll zu sich selbst und zu anderen. Sei im Klaren über Deine Werte und lasse niemals – hörst Du? **NIEMALS!** - Respektlosigkeit Dir gegenüber zu.

ÜBUNG

DEIN BESTES ICH: WELCHE PERSON WILLST DU WERDEN?

- ❖ Erschaffe Dein Image und kultiviere es. Wie genau möchtest Du wahrgenommen werden?
- ❖ Beantworte dabei folgende Fragen:
    - ✓ Was zeichnet Dich aus?
    - ✓ Wie möchtest Du sein?
    - ✓ Was brauchst Du dafür?
    - ✓ Stell Dir Dich selbst in Rolle Kleopatras vor: Wie würde die große Königin in Deiner Situation vorgehen?
- ❖ Schreibe die Antworten in Deinem Tagebuch auf.

Verliebe Dich in Deinen Partner Neu!

Wie siehst Du Deine Partnerschaft jetzt?

"Glück widerfährt dir nicht - Glück findet der, der danach sucht."
Marokkanisches Sprichwort

AUS DER FORSCHUNG

WELCHES PAAR DER KREISE ZEIGT DEINE NÄHE ZU DEINEM PARTNER AM BESTEN?

Sehe Dir das Diagramm unten an.

Dieses Diagramm wurde für eine großangelegte wissenschaftliche Studie mit insgesamt 772 erwachsenen Teilnehmern entwickelt und bereits im Jahr 1992 im „Journal of Personality and Social Psychology" veröffentlicht.

Was dieses Diagramm misst, ist das subjektive Einschätzen der Nähe in den Beziehungen. Ein Kreis steht für Dich, der andere für Deinen Partner.

Wie siehst Du Deine Partnerschaft jetzt?

Mit dem Diagramm kann nicht nur eine Liebesbeziehung gemessen werden, sondern generell alle Beziehungen. Wenn Du Dich jemandem besonders verbunden fühlst, wirst Du wahrscheinlich Kreise wählen, die fast vollständig ineinander verschmelzen. Wenn Du zu jemandem praktisch keine Beziehung hast, wirst Du Kreise auswählen, die nebeneinander oder sogar mit Abstand voneinander stehen.

Die Forscher haben herausgefunden, dass die Beziehungen umso harmonischer und dauerhafter sind, je größer die Überlappung eines Selbst mit dem Anderen ist.

Der Andere wird fast schon als ein Teil eines Selbst wahrgenommen.

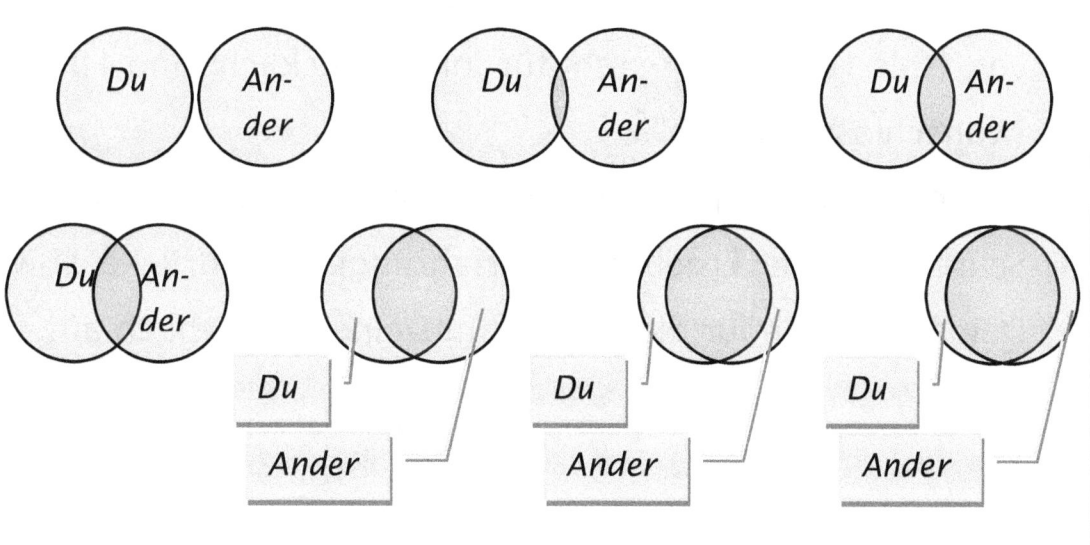

Die wichtige Frage hier ist: Wo steht Deine Beziehung jetzt? Bist Du dort angekommen, wo Du hinwolltest? Oder bist Du noch unterwegs?

Du kannst dieses Diagramm auch dafür nutzen, die Beziehungen zu Deinen Kindern, Deinen Eltern, Deinen Freundinnen und Freunden zu beschreiben. Das ist ein zuverlässiges und einfaches Tool.

ÜBUNG

NIMM DEINE ERFOLGE WAHR UND PLANE DIE NÄCHSTEN SCHRITTE

- ❖ Siehe Dir das Diagramm an. Welche Position der Kreise entspricht Deinem subjektiven Gefühl?
- ❖ Wie glücklich bist Du mit dieser Einschätzung auf der Skala von 1 bis 10, wobei 1 steht für „nicht glücklich" und 10 – für „wunschlos glücklich".
- ❖ Gibt es etwas, was Du in Deiner Beziehung ändern möchtest?
- ❖ Schreibe Deine Ergebnisse, Erfahrungen, Eindrücke sowie Deine Wünsche für die Zukunft in Deinem Tagebuch auf.

Lebe Dein Leben voller Leidenschaft!

> *„Warum schließen wir unsere Augen, wenn wir beten, weinen, küssen oder träumen? Weil die wundervollsten Dinge im Leben nicht gesehen, sondern mit dem Herzen gefühlt werden."*
> *Denzel Washington*

In diesem letzten Kapitel wollte ich Dir etwas mitgeben, was wie ein roter Faden Dich durch das Leben begleiten würde... Etwas Wichtiges, Bedeutsames... Etwas, was Dich in jeder denkbaren Lebenssituation unterstützen und Dir bei allen Deinen wichtigen Entscheidungen Orientierung geben würde.

Aber als ich an diese Stelle ankam, habe ich verstanden, dass alles, was ich jetzt sagen könnte, diesem Ziel nicht gerecht sein würde. Und darum erzähle ich Dir hier eine Geschichte, die mich besonders berührt hatte. Diese Geschichte wurde mir von einem Mann anvertraut, der aufgrund seines Berufs in den letzten 15 Jahren in 56 Ländern gelebt hatte: Meistens in Krisengebieten, dort, wo das Überleben nicht selbstverständlich ist und wo das Überleben plötzlich von Menschen um Dich herum abhängt – von ihren Werten, ihren Entscheidungen und ihrem Zusammenhalt.

Ich habe ihn kennengelernt, als ich dieses Buch schrieb. Auf die Frage, worum es in meinem Buch geht, antwortete ich ihm folgendes:

„Ich suche nach Strategien, wie man an Beziehungen arbeitet, damit die Leidenschaft wieder entflammt werden kann... Dieses Buch ist für diejenigen, die mit ihrem Partner alt werden wollen... Also wirklich alt... ☺ mit Falten und weißen Haaren... und immer noch verliebt und Händchen haltend, und in Liebe zusammen und lachend, flüsternd und einander genießend... während des ganzen Lebens ....“

Und darauf hat er mir folgende Geschichte erzählt, die ich mit seiner Erlaubnis in diesem Buch veröffentlichen möchte...

„Habe gerade das erste Mal geheiratet, hatte ein Haus für meine Familie neben einem älteren Ehepaar Walt & Edna Berger (Namen sind geändert) gekauft. Sie waren 57 Jahre verheiratet. Ich fing an, mit Walt zu sprechen, und eines Abends erzählte er mir seine Lebensgeschichte...

Bevor er in den Zweiten Weltkrieg zog, bat er bereits seit Tagen seine Freundin ihn zu heiraten. Sie sagte ihm „nein" und dass sie vor ihrer Zeit keine Witwe sein möchte: „Walt, wenn du überlebst, finde mich. Wenn du zurück bist, werden wir heiraten."

Walt erzählte mir über den Tag, als er zurück nach San Francisco geschafft hat, nachdem er die Invasion des Strandes der Normandie, Italien, Nordafrika überlebt hatte...

An diesem Tag sprang er in einen Zug, der nach Idaho zurückkehrte, um seine Liebe – Edna – zu finden. Und dann heiratete er sie. ...Gleich am nächsten Tag, nachdem sie sich gefunden hatten, heirateten sie.

Ich traf Walt und Edna in ihren älteren Jahren nach 57 Jahren Ehe. Seine Frau hatte Krebs, er tat alles in seiner Macht, um für sie zu sorgen.

...Ich ging zur Universität. Als ich im Frühling zurückkam, fand ich heraus, dass Edna von uns ging. Walt war am Boden zerstört. Ich fragte ihn: „Was wirst du tun?" Er sagte mir: „Nichts, Kumpel. Ich habe mich mein ganzes Leben lang um diese Frau gekümmert. 57 Jahre. Dass ich Krebs hatte, hat sie nie erfahren!" 7 Tage später starb er und hinterließ seine sechs Kinder.

So sollte ein Mann sich um seine Familie und seine Liebe kümmern. ...Schreibe das in deinem Buch..."

…Meine Liebe, Du wirst Dich vielen Männern begegnen. Du wirst lieben und geliebt werden; und manchmal vielleicht auch mal enttäuscht werden. Vergiss aber nie, dass es IHN gibt – den wunderbaren Mann, der zu Dir passen würde.

Und wenn Du ihn an Deiner Seite hast, dann sag ihm das immer und immer wieder. Erzähle Eure gemeinsame Geschichte – verbal und non-verbal, in Worten und in Taten.

Vergiss auch nie: **Ein Mann ist nur so viel wert, wie er seine Frau behandelt.** Renne niemals einem Mann hinterher. Achte auf Dich und auf Deine Würde.

> *„Arbeite, als würdest Du das Geld nicht brauchen.*
> *Liebe, als hätte dich nie jemand verletzt.*
> *Tanze, als würde niemand zusehen.*
> *Singe, als würde niemand zuhören.*
> *Lebe, als wäre der Himmel auf Erden."*
>
> Mark Twain

In diesem Sinne, meine Liebe, wünsche ich Dir ganz viel Glück und Liebe und ein wunderbares erfülltes Leben voller Begegnungen, Herzenswärme und magischer Momente…

Du kannst das. Du bist voller Ressourcen. Du hast bereits alles in Dir, was Du brauchst, um glücklich zu sein. Vergiss niemals, wie wertvoll und liebenswürdig Du bist… Pass bitte gut auf Dich auf…

Nachwort

Schon während ich an diesem Buch gearbeitet habe, zeigten Männer und Frauen ein großes Interesse an dem Titel und allgemein dem Thema „Langfristige Partnerschaft und Beziehung".

Ich habe aber in vielen Gesprächen eine vorsichtige Stimmung unter Männern mitbekommen, die glaubten, dass Frauen aus dem Buch „Tricks" erlernen könnten, um sie – Männer – zu manipulieren…

Liebe Männer! Das Buch richtet sich tatsächlich an Frauen. Aber Ihr werdet darin vergeblich nach „Tricks" suchen, mit denen man angeblich Menschen manipulieren kann. Dieses Buch ist nicht darüber, wie man einen Mann manipuliert, es ist auch nicht darüber, wie man einen Mann behandelt und auch nicht, wie man einen Mann für sich gewinnt oder ihn an sich bindet… Es gibt im Verkauf wunderbare Literatur darüber, geschrieben von erfahrenen Dating Spezialisten. Das bin ich nicht.

Dieses Buch ist lediglich eine Sammlung von Ideen, was eine Frau an Möglichkeiten hat, um die Liebe und die Partnerschaft über Jahre hinweg frisch und lebendig zu halten, um der Routine und der Langeweile in der Beziehung zu entkommen, um begehrenswert und leidenschaftlich zu bleiben, um das Leben zu genießen, glücklich zu sein und magische Momente so oft wie möglich zu erleben – ein Leben lang. Es ist in Eurem Sinne, dass Eure Partnerin das alles kann! ☺

Eigentlich möchte ich in diesem Buch viele liebenswerten Damen, Prinzessinnen, Feen und Königinnen daran erinnern, was sie wirklich sind. Ich will ihnen Mut geben, das Leben zu leben, das sie verdienen – ein zufriedenes, glückliches, erfülltes Leben...

Das Buch richtet sich an Frauen, die lernen möchten, ihr eigenes und das Leben des Partners glücklich zu gestalten. Mit einer solchen Frau werdet Ihr, liebe Männer, Euch wie Ritter, Prinzen und Könige fühlen... Der Alltag wird ein Stückchen zurücktreten und Ihr erlebt mit dieser einer Frau (mal wieder) die Magie der Liebe. Gebt doch der Sache eine Chance! ☺

Die Ideen in diesem Buch wurden sorgfältig zusammengestellt und basieren zu einem Teil auf den neuesten psychologischen Erkenntnissen, zu anderem Teil auf Erfahrungen der realen Frauen und Männer.

Ich würde mich sehr freuen, wenn dieses Buch Euer Leben bereichert und Euch mehr Freude und Lebensqualität beschert. Ich wünsche Euch ganz viel Spaß beim Lesen sowie auch beim Gestalten des eigenen Lebensabenteuers!

Nachwort

Danksagung

Das Entstehen dieses Buchs ging von Beginn an mit dem Interesse vieler Menschen und deren Unterstützung einher. Nun möchte ich allen diesen lieben Menschen dafür ganz herzlich danken.

Vor allem Frauen und Männer, die mir ein Interview gegeben und ihre Lebensgeschichte geschildert haben, sollen hier eine besondere Erwähnung finden.

Zunächst möchte ich mich bei der NLP Trainerin und Beziehungscoach Petra Fürst bedanken. Durch Petra habe ich erfahren, dass die positiven Veränderungen einfach und schnell umzusetzen sind.

Wer kennt die gute Fee aus dem Märchen „Aschenputtel" nicht? Diese Fee hat dem Mädchen Glauben an sich selbst gegeben. Sie hat ihm gezeigt, wie schön es ist. Sie hat ihm einen Anstoß und Möglichkeit gegeben, das Leben positiv zu verändern.

Petra, hast Du Dir mal die Frage gestellt, was aus Aschenputtel wohl geworden wäre, wenn sie die Fee nicht getroffen hätte? Nun, ich habe diese Fee getroffen – Dich, Petra! Mein Leben hat sich positiv verändert und dieses Buch ist das direkte Ergebnis davon. Definitiv!

Meine Hoffnung ist, dass ich mittels dieses Buchs das Wissen, das ich durch Dich erfahren habe, weiter in die Welt tragen und vielen, vielen anderen Frauen auf ihrem Weg vom Aschenputtel zur Königin helfen kann.

Und selbstverständlich geht der Dank auch an meine Liebsten zuhause, die mir immer die Kraft und die Zeit gegeben haben, mich meinem Buch zu widmen. Ohne Euch hätte ich das niemals geschafft.

Keinen geringen Anteil haben auch meine lieben Freundinnen und Kolleginnen, denen ich ebenfalls nicht genug danken kann.

Vielen Dank an alle – ich weiß das sehr zu schätzen.

Über die Autorin

Wenn ich gefragt werde, welche Person in meinem Leben eine besondere Spur hinterließ, denke ich als erstes an meine Großmutter. Ich kenne niemanden, der so fleißig wäre wie sie. *„Mache Deine Aufgaben so gut wie Du kannst, kümmere Dich nicht so sehr, was die Leute sagen, sei rein mit Dir selbst, damit fährst Du am besten,"* pflegte sie zu sagen.

Und ich kenne niemanden, der so sehr respektiert wurde wie sie. Ihr soziales Leben war einmalig: Bis in die letzten Tage traf sie sich mit ihren Kindheitsfreundinnen; bis in die letzten Tage wurde auf diesen Treffen gelacht, gesungen, Süßigkeiten genascht und Geschichten erzählt.

Sie hatte eine lange, sehr lange Ehe mit meinem Großvater – eine Ehe mit Höhen und Tiefen.

Nachdem mein Großvater starb, kam unser Nachbar ein Jahr später zu ihr und machte ihr einen Heiratsantrag. Meine Großmutter war zu der Zeit 75! Sie hat ihn abgelehnt. Ich frage mich immer noch: Warum eigentlich?

Wie auch immer: Die Großmutter mit ihrer positiven Ausstrahlung und praktischen Einstellung zum Leben hatte einen starken Einfluss auf mich und meine Entscheidungen im Leben.

Damals habe ich Klavier studiert und danach als Klavierlehrerin in einer Musikschule in Belarus gearbeitet. 1999 kam ich nach Deutschland und im Jahr 2008 habe ich das Studium der Anthropologie und Kulturwissenschaften an der LMU München erfolgreich abgeschlossen. Zu dieser Zeit war ich selbst verheiratet und hatte meinen ersten Sohn auf die Welt gebracht.

Nach dem Studium habe ich mich in Human Ressources Management weitergebildet und als Personalreferentin gearbeitet. Mein Jüngster kam auf die Welt.

2014 folgte ich meinem Partner nach Malta. Meine Ehe hielt dem Umzug leider nicht stand und zerbrach. Ich wusste bis zu diesem Zeitpunkt gar nicht, dass die Trennung so schmerzlich sein kann. Ich erinnere mich gut an das Gefühl der Ohnmacht zu dieser Zeit. Alles, was ich versucht habe, hat nicht funktioniert. Alles, was ich gesagt habe, wurde umgedreht und falsch interpretiert, und machte den Graben zwischen uns nur noch tiefer. Ich habe gelitten wie noch nie zuvor.

„Was habe ich nur falsch gemacht?" – ging mir nicht aus dem Kopf, „und wie geht es richtig?"

Wenn ich etwas nicht weiß, muss ich lernen. Das war schon immer so. Wenn ich in meinem Leben etwas gelernt habe, dann das Lernen selbst. Also las ich Bücher, meldete mich zu mehreren Kursen und Seminaren zum Thema Beziehungen an. Ich schrieb mich an der Universität im Fach Psychologie ein.

In dieser Zeit habe ich auch Coaching von Petra Fürst für mich entdeckt und die NLP Coaching Ausbildung mit ihr absolviert. Neben meiner Großmutter ist Petra die Frau, die einen gewaltigen Einfluss auf mich ausgeübt hat. Plötzlich leuchtete mir ein, wie kreativ und wie stark ich eigentlich bin, und ich bekam richtig Lust, mehr aus mir und aus meinem Leben zu machen – mehr als ich je erträumt habe. Die Grenzen des Machbaren verschoben sich weit, weit weg – kaum zu sehen. Ich weiß, dass es nichts gibt, was ich nicht schaffen könnte...

Ich hoffe, dieses Gefühl zumindest teilweise in meinem Buch an meine Leserinnen weitergegeben zu haben.

Mittlerweile hat sich mein Leben grundlegend verändert: Seit über zwei Jahren jogge ich 5 Mal die Woche, ich mache Yoga und meditiere. Durch NLP hat sich meine Art zu kommunizieren verändert. Die Kommunikation ist viel bewusster geworden. Menschen wissen Freundlichkeit, Verständnis und liebevolle Ansprache zu schätzen - sowohl im privaten, als auch im beruflichen Umfeld.

Ich bin oft von netten Gesten überrascht, die mir Menschen zeigen. So etwas wie eine unerwartete Hilfe im Alltag, ein Kompliment, eine Umarmung. Warum ist das mir vorher nicht aufgefallen? Weil ich selbst anders war. Die Veränderung, die ich Dir in diesem Buch vorschlage, habe ich selbst durchgemacht und ich kann Dir sagen: Folgen sind überwältigend.

Dieses Buch hier ist das Ergebnis meiner Auseinandersetzung mit dem Thema Beziehungen. Wissenschaftlich geprüfte Fakte, meine eigenen Erfahrungen, die Befragungen und die Interviews mit Paaren, die sich – nach eigenen Angaben – in einer glücklichen und langfristigen Beziehung befinden, haben in diesem Buch ihren Platz eingenommen. Ich hoffe, dass Du auch meinen Schreibstil genossen hast und dass die Helden, die Du in meinen Metaphern getroffen hast, Dich auf eine oder andere Weise berührt haben...

Ich wünsche Dir Zuversicht, dass Du stark genug bist, täglich Schritt für Schritt etwas zu Deinem Glück beitragen zu können. Beginne damit jetzt gleich: Sieh Dich um, spüre die Liebe in Deinem Herzen und handle.

Alles Liebe,
Swetlana

Mein Coaching

Wenn Du glaubst, dass Du von meinem Wissen, meiner Erfahrung und meinem Engagement profitieren kannst und ein persönliches Coaching mit mir willst, möchte ich Dir ein kostenloses Erstgespräch anbieten. Bitte melde Dich unter der Email Adresse unten mit folgenden Angaben:

- ❖ Wer bist Du?
- ❖ Was ist Dein Anliegen?
- ❖ Welches Ziel möchtest Du erreichen?

Ich freue mich wirklich sehr auf Dich!

Besuche unsere Facebook-Seite **BONDING LOVE** für mehr Informationen zum Thema Beziehungen.

Du findest mich unter folgenden Kontaktdaten:

lifeculture Publishing

www.lifeculturepublishing.com
Email: info@lifeculturepublishing.com
Tel.: 00356-77771827 (in Malta)

Verliebe Dich in Deinen Partner Neu!

Quellenverzeichnis

1. https://de.wikipedia.org/wiki/Blickkontakt
2. https://www.focus.de/gesundheit/gesundleben/partnerschaft/partnersuche/tid-11995/flirten-teil-19-der-verliebte-blickkontakt_aid_336995.html
3. http://www.plainfieldnjk12.org/Departments/ELA/Docs/Non-Fiction%20Texts/How%20Cleopatra%20Charmed%20Antony.pdf
4. http://www.napoleon-bonaparte.napoleon-online.de/html/napjos.html
5. https://de.wikipedia.org/wiki/Marcus_Antonius#Antonius_und_Kleopatra
6. https://wikivisually.com/wiki/Ivane_Machabeli
7. https://de.wikipedia.org/wiki/Theophanu_(HRR)
8. http://www.deutscher-koordinierungsrat.de/wdb-texte-Am-Anfang-war-das-Wort-2012
9. https://www.aphorismen.de/suche?text=ber%C3%BChrung
10. https://www.aphorismen.de/suche?text=fantasie&seite=2
11. https://www.aphorismen.de/suche?text=stimme+frau&seite=2
12. https://www.aphorismen.de/suche?f_thema=Geschichte
13. https://www.gutzitiert.de/zitat_autor_william_shakespeare_1286.html
14. https://www.aphorismen.de/suche?text=verf%C3%BChrung
15. https://www.aphorismen.de/suche?text=haltung&seite=2
16. http://www.spiegel.de/spiegel/print/d-125080840.html
17. https://de.wikipedia.org/wiki/Maslowsche_Bed%C3%BCrfnishierarchie
18. https://m.portal.hogrefe.com/dorsch/werte/
19. https://www.youtube.com/watch?v=KViEmvoEYqE

© 2018 Life Culture Publishing

Quellenverzeichnis

20. http://arbeitsblaetter.stangl-taller.at/KOMMUNIKATION/KommNonverbale2.shtml
21. http://arbeitsblaetter-news.stangl-taller.at/geruch-und-emotion/
22. https://www.biography.com/people/carl-jung-9359134
23. http://www.helpster.de/olfaktorisch-so-gestalten-sie-geruchs-wahrnehmungsuebungen_92701
24. http://shambaum.com/category/gesundheit/olfaktorisches-gedachtnis-was-ist-das.php
25. https://de.wikipedia.org/wiki/Ritual#Funktionen,_Elemente_und_Formen_des_Rituals
26. https://www.praxis-institut.de/fileadmin/Redakteure/Sued/Praxis-Dialog/di03_4.pdf
27. https://www.dasgehirn.info/denken/gedaechtnis/erinnern-mit-gefuehl?language=en
28. https://en.wikipedia.org/wiki/Peak%E2%80%93end_rule
29. https://de.wikipedia.org/wiki/Bed%C3%BCrfnis#Bed%C3%BCrfnis_in_der_Humanistischen_Tradition
30. https://www.azquotes.com/quote/878831?ref=beautiful-women
31. https://www.habitsforwellbeing.com/6-core-human-needs-by-anthony-robbins/
32. http://www.freiheitsreisen.de/aromakunde-neuro-linguistisch/
33. https://www.ncbi.nlm.nih.gov/pmc/articles/PMC4466912/
34. https://www.wertesysteme.de/was-sind-werte/
35. https://www.empathie.com/medien/detail/beduerfnisse/
36. https://de.wikipedia.org/wiki/Madame_de_Pompadour
37. http://www.worldhistory.biz/ancient-history/51013-anubis.html
38. https://vi.wikipedia.org/wiki/Marcus_Antonius
39. https://en.wikipedia.org/wiki/Cleopatra
40. http://othes.univie.ac.at/29896/1/2013-05-02_5800551.pdf

41. https://www.folger.edu/antony-and-cleopatra
42. https://www.zeit.de/1992/05/eine-geborene-koenigin
43. https://konstanze-quirmbach.de/blog/experiment/ich-bin-eine-koenigin/
44. https://www.anselm-gruen.de/glaube-spiritualitaet/spiritualitaet-im-alltag/413/koenigin-und-wilde-frau-lebe-was-du-bist
45. https://de.slideshare.net/KaiDold/corporate-story-archetypen-in-der-werbung
46. https://www.sprachraum.org/blog/achtsame-kommunikation/
47. https://www.strategisches-storytelling.de/12-archetypen/
48. https://de.wikipedia.org/wiki/Archetyp_(Psychologie)
49. https://de.wikipedia.org/wiki/Carl_Gustav_Jung
50. https://www.artofmanliness.com/articles/king-warrior-magician-lover-introduction/
51. https://de.wikipedia.org/wiki/Animus_und_Anima
52. https://nlpportal.org/nlpedia/wiki/Gewaltfreie_kommunikation
53. Aron A, Aron EN, Smollan D (1992) Inclusion of Other in the Self Scale and the structure of interpersonal closeness. Journal of Personality and Social Psychology 63: 596–612
54. Bucay, Jorge: Komm, ich erzähl dir eine Geschichte, 20.Aufl., Fischer Taschenbuch Verlag, 2017
55. Chapman, Gary: Die fünf Sprachen der Liebe, Verlag der Francke-Buchhandlung GmbH, 2003
56. Drigotas, Stephen M. ; Rusbuit, Caryl E. ; Wieselquist, Jennifer ; Whitton, Sarah W.: Interpersonal Relations and Group Processes - Close Partner as Sculptor of the Ideal Self:Behavioral Affirmation and the Michelangelo Phenomenon, Washington, DC : American Psychological Association, 1999, In: Journal of personality and social psychology, Vol. 77, No. 2 (1999), p. 293-322

57. Gerrig, Richard J.: Psychologie, 20. Auflage, Pearson, 2016
58. Green, Jeffrey D ; Campbell, W Keith ; Davis, Jody: Ghosts From the Past: An Examination of Romantic Relationships and Self-Discrepancy, Taylor & Francis Inc., 2007
59. Heath, Chip & Heath, Dan: The Power Of Moments, Penguin Random House, UK, 2017
60. Kabat-Zinn, Jon: An outpatient program in behavioral medicine for chronic pain patients based on the practice of mindfulness meditation: Theoretical considerations and preliminary results. In: General Hospital Psychiatry. 4 (1), 1982, S. 33–47
61. Linz, Sergej: Begehrt wie eine Göttin. Geheimes Handbuch für Traumfrauen, 2017
62. Mohl, Alexa: Der große Zauberlehrling in 2 Bändern, 3.Aufl., Junfermann Verlag, Paderborn, 2013
63. Ott, Ulrich, Meditation für Skeptiker, O. W. Barth Verlag, Muenchen, 2015
64. Pylarinos, Stefan: Life Mastery, CreateSpace Independent Publishing Platform, 2013
65. Reichelt, Harald W.: Heil und Heilung im Buddhismus und Christentum. Religions-und kulturvergleichende Studie von Religiosität und Spiritualität, Dissertation, Wien, 2013
66. Renninger, LeeAnn & Luna, Tania: Surprise: Embrace the Unpredictable and Engineer the Unexpected by Tania Luna, TarcherPerigee Verlag, 2015
67. Robbins, Anthony: Awaken the Giant Within, 1992
68. Selcuk, Emre (u.a.): Does Partner Responsiveness Predict Hedonic and Eudaimonic Well-being? A 10-Year Longitudinal Study, Blackwell Publishing Ltd., 2016, Journal of Marriage and Family, vol. 78, no. 2 (Apr 2016), p. 311-325

Verliebe Dich in Deinen Partner Neu!

69. Voelpel, Sven C. & Gerpott, Fabiola H.: Der Positiv-Effekt, Campus Verlag, 2017

Abbildungsverzeichnis

Charles Nicolas Cochin I, Decoration for a Masked Ball at Versailles, ca. 1860 32
Dr. Marshall B. Rosenberg 81
Gottfried Keller, Pastell von Ludmilla Assing. Von Kellers Hand darunter: „Zeit bringt Rosen, den 2. Mai 1854" 86
Karl Gustav Jung, Psychologe, Psychiater, Journalist, Erfinder 132
Teile der menschlichen Psyche nach C. G. Jung 134
Statue von Marcus Antonius, Vatikan Museum 140
Kleopatra VII, Antiken-sammlung Berlin 140
François Boucher: Madame de Pompadour 160
Statue der Theophanu vor der Marktkirche in Eschwege 161
Szene aus "Cleopatra" mit Elizabeth Taylor und Richard Burton 163
Das Treffen von Antony und Kleopatra, Lawrence Alma-Tadema, 1884 ..189

© 2018 Life Culture Publishing

Illustrationen in diesem Buch

- Image ID: 45171223
  Copyright Olaola12 | Dreamstime.com
  http://www.dreamstime.com/olaola12_info
- Image ID: 102386747
  Copyright Radli | Dreamstime.com
  http://www.dreamstime.com/radli_info
- https://www.flickr.com/photos/lovelornpoets/5199939734/in/photostream/
- https://pixabay.com/de/liebe-freunde-herz-romantisch-1643452/
- https://pixabay.com/de/gastronomie-liebe-liebesgeschichte-2021780/
- https://pixabay.com/de/paar-senioren-rentner-alter-2914879/
- https://pixabay.com/de/vielen-dank-karte-nachricht-hinweis-515514/
- https://pixabay.com/de/mensch-person-kind-m%C3%A4dchen-777121/
- https://pixabay.com/de/frau-m%C3%A4dchen-freiheit-gl%C3%BCcklich-591576/
- https://pixabay.com/de/frau-spiegel-psyche-depression-3092412/
- https://pixabay.com/de/audrey-frau-mode-sch%C3%B6ne-young-3174492/
- https://pixabay.com/de/blume-myrte-natur-1291003/
- https://pixabay.com/de/fr%C3%BChling-schneegl%C3%B6ckchen-blume-1166564/
- https://pixabay.com/de/buch-traum-reise-fantasie-frau-2899636/
- https://pixabay.com/de/herz-schloss-liebe-vorh%C3%A4ngeschloss-268151/
- https://pixabay.com/de/glaskugel-wahrsagerin-hand-zukunft-1754432/
- https://svgsilh.com/image/145556.html

Verliebe Dich in Deinen Partner Neu!

- https://en.wikipedia.org/wiki/Madame_de_Pompadour#/media/File:Charles_Nicolas_Cochin_I,_Decoration_for_a_Masked_Ball_at_Versailles,_ca._1860.jpg
- https://pixabay.com/de/paar-weiblich-blumen-liebe-1296361/
- https://pixabay.com/de/retro-jahrgang-dame-hausfrau-rot-1291608/
- https://pixabay.com/de/textfreiraum-design-space-tagebuch-3399521/
- https://pixabay.com/de/lampe-genie-aladdin-belletristik-33925/
- https://pixabay.com/de/prinzessin-lizenzfreie-royal-2930794/
- https://pixabay.com/de/blume-frau-riechen-weiblich-jung-731300/
- https://pixabay.com/de/katze-l%C3%B6we-schatten-fleischfresser-564202/
- https://pixabay.com/de/handspiel-strand-meer-ozean-sand-2224104/
- https://pixabay.com/de/oma-opa-rentner-schaukel-sonne-1185687/
- https://pixabay.com/de/ehepaar-mann-frau-alt-zufrieden-579172/
- https://pixabay.com/de/menschen-alte-%C3%A4ltere-menschen-mann-2582878/
- https://pixabay.com/de/paar-senioren-rentner-alter-2914879/
- https://pixabay.com/de/rottweiler-h%C3%BCndchen-hund-869017/
- https://de.wikipedia.org/wiki/Datei:Marshall_Rosenberg.jpg
- https://pixabay.com/de/jahrgang-m%C3%A4dchen-spiegel-stil-mode-2800814/
- https://pixabay.com/de/schere-alt-n%C3%A4hen-%C3%BCber-den-frieden-1008908/
- Von Ludmilla Assing (1821-1880) - Deutsche Staatsbibliothek Berlin, Gemeinfrei, https://commons.wikimedia.org/w/index.php?curid=1791924
- https://pixabay.com/de/mannequin-mode-weiblich-kleidung-312526/
- https://pixabay.com/de/h%C3%BCbsche-frau-make-up-spiegel-glanz-635258/
- https://pixabay.com/de/baby-junge-gl%C3%BCcklich-lachen-799956/
- https://pixabay.com/de/frau-spiegel-make-up-kosmetik-1073869/
- https://pixabay.com/de/mode-weiblich-m%C3%A4dchen-menschliche-2025556/

© 2018 Life Culture Publishing

Illustrationen in diesem Buch

- https://pixabay.com/de/blume-myrte-natur-1291003/
- https://pixabay.com/de/kaffee-trinken-tee-jahrgang-frau-2024221/
- https://pixabay.com/de/ballerina-collage-ballett-t%C3%A4nzerin-1624936/
- https://pixabay.com/de/kleid-weiblich-m%C3%A4dchen-menschliche-2026863/
- https://pixabay.com/de/dame-noble-weiblich-frau-portr%C3%A4t-2931881/
- https://pixabay.com/de/tier-pferd-ritter-s%C3%A4ugetier-fahrer-2023168/
- https://pixabay.com/de/hexe-frau-fantasie-person-magische-145413/
- https://pixabay.com/de/zeichnung-bild-kunst-frau-blumen-269870/
- https://pixabay.com/de/aphrodite-zypern-ayia-napa-1963122/
- https://pixabay.com/de/junge-paar-weiblich-m%C3%A4dchen-liebe-1300250/
- https://pixabay.com/de/frau-elfe-fee-m%C3%A4rchenhaft-1329906/
- https://pixabay.com/de/m%C3%A4dchen-reisen-jung-sommer-urlaub-1459248/
- https://pixabay.com/de/alkoholismus-alkoholiker-2847444/
- https://pixabay.com/de/katze-blume-k%C3%A4tzchen-stein-2536662/
- https://pixabay.com/de/balance-meditation-meditieren-110850/
- https://pixabay.com/de/paar-kuss-zusammen-k%C3%BCssen-romantik-1031639/
- https://pixabay.com/de/hand-geschenk-blumenstrau%C3%9F-1549399/
- https://pixabay.com/de/veranstalter-kalender-zeitplan-791939/
- https://pixabay.com/de/valentinstag-pralinen-s%C3%BC%C3%9Figkeiten-2057745/
- https://pixabay.com/de/paar-romantik-liebe-kuss-liebhaber-3064048/
- https://pixabay.com/de/erwachsene-paar-gesichtsausdruck-1869541/
- https://pixabay.com/de/hochzeit-ehe-tag-phantasie-gef%C3%A4rbt-2506868/

Verliebe Dich in Deinen Partner Neu!

- https://pixabay.com/de/freunde-freundschaft-knuddeln-33292/
- https://pixabay.com/de/schreiben-schriftsteller-notizen-923882/

© 2018 Life Culture Publishing

www.ingramcontent.com/pod-product-compliance
Lightning Source LLC
Chambersburg PA
CBHW080537300426
44111CB00017B/2777